文化研究丛书
金惠敏　主编

文化研究 1983:
一部理论史

〔英〕斯图亚特·霍尔 著

周敏　程孟利 译

商务印书馆
The Commercial Press

Stuart Hall

CULTURAL STUDIES 1983

©2016 by Duke University Press

Chinese simplified translation rights©2021 by The Commercial Press, Ltd.

本书据杜克大学出版社 2016 年版译出

目 录

编者导言 001

霍尔系列讲座前言（1988） 013

第一讲　**文化研究的形成** 019

第二讲　**文化主义** 045

第三讲　**结构主义** 083

第四讲　**基础与上层建筑再思考** 111

第五讲　**马克思主义结构主义** 141

第六讲　**意识形态与意识形态斗争** 179

第七讲　**支配与领导权** 217

第八讲　**文化、抵抗和斗争** 249

参考文献 285

编者导言

〔美〕劳伦斯·格罗斯伯格
〔美〕詹尼弗·达尔·斯莱克

本书收录的是斯图亚特·霍尔于1983年夏天在伊利诺伊大学厄巴纳-香槟分校的教学研讨会上的讲稿，这个研讨会的主题是"马克思主义与文化的解释：限度、前沿、边界"，由凯瑞·尼尔森（Cary Nelson）和劳伦斯·格罗斯伯格（Lawrence Grossberg）主办，研讨会后还举办了一个学术会议。这个教学研讨班（6月8日至7月8日）和学术会议（7月8日至12日）对于塑造文化理论在文化研究、传播学、文学理论、电影研究、人类学与教育学之中，以及在这些学科之间的发展产生了极其重要的影响。教学研讨会举办了多个研讨班，主讲人包括佩里·安德森（Perry Anderson）、斯图亚特·霍尔（Stuart Hall）、弗里德雷克·詹姆逊（Frederic Jameson）、朱丽叶·勒萨热（Julia Lesage）、盖亚·彼得洛维奇（Gajo Petrovi）、佳亚特里·斯皮瓦克（Gayatri Spivak），以及一些伊利诺伊大学的教师：A. 贝尔顿·菲尔兹（A. Belden Fields）、劳伦斯·格罗斯伯格，以及理查德·施哈特（Richard Schacht）。参加此次教学研讨会的成员包括来自美国和好几个其他国家的学生和教师。随后的学术会议则吸引了五百多位学生和教师，会后出版的会议文集（Nelson and Grossberg, 1988）收录了会议上许多跨学科讨论的发言，其中包括霍尔的《花园里的蟾蜍：理论家中的撒切尔主义》

（The Toad in the Garden: Thatcherism among the Theorists）（pp. 35-73）。今天，文化理论在美国的样态——其阐释、方向、研究和教学——至少要部分归功于那个暑假的研讨会和那本文集，它们反映了参加研讨班和学术会议的知名学者和青年学者之间的广泛互动，就马克思主义对当时文化理论所做贡献的重要性和多样性达成了共识。

这些事件被赞誉为文化研究史上格外重要的时刻。因为，尽管当时在美国（以及英国以外的其他国家）已经有一些人在从事文化研究，尽管霍尔此前也曾在美国偶尔发表过学术演讲，但是这个教学研讨会赋予了霍尔和英国文化研究在美国学术界第一个持续曝光的机会。研讨班刚开班时，只有很少几位学者了解霍尔以及当代文化研究中心（Center for Contemporary Cultural Studies）的工作，但是研讨班很快就吸引了数百位学生和教工，有些人甚至开车几小时赶来参加。课程非常精彩，所有课程的氛围都扣人心弦。大家都感到自己正在经历着一个理论的发展，正在经历着文化研究的产生过程。这些讲座以精妙而又激动人心的方式促进了文化研究在美国的蓬勃发展。

霍尔是理查德·霍加特（Richard Hoggart）在伯明翰大学当代文化研究中心所招聘的第一人。1969年，霍加特接受了在联合国教科文组织的高级职位，离开当代文化研究中心，霍尔开始担任中心主任。1980年，霍尔接受开放大学社会学系教授职位，离开了当代文化研究中心。1983年夏季之前，研究中心和霍尔的重要贡献是使得文化研究在一些有名望的公立大学中得到了诸如传媒研究与教育之类的小学科的认可，但还没有受到精英私立大学的关注。研究中心早期在工人阶级文化、媒介、新闻与通俗文化、亚文化、意识形态、符号学，以及现在非常经典的种族主义及新保守主义（特别是霍尔等人著的那本预言了撒切尔主义的兴起的《危机政治化》[Hall et al., 1978]）方面进行了很多研究，但英国以外的地方对这些研究知之甚少。尽管霍尔已经成了文化研究的旗帜性人物和最重要的代言人，英国以外还是很少有人知道他，也几乎无人了解文化研究。

在这八次讲座中，霍尔展示了从他自己的角度所观察到的英国文化研究的发生发展史。事实上，这是第一次有人严肃地讲述该中心的文化研究的发生和发展的历史。然而事实也不尽然，或者说不仅如此，就像霍尔几年之后在1988年所写的前言中所说的那样。这些讲座绝不是当代文化研究中心的历史，因为它们没有充分表现出中心在1970年代所进行的重要的经验研究以及构成中心核心的不同研究小组的贡献。它们基本只是把中心视为一个管理和组织实验的空间，一个为学术研究提供可能条件的空间。它们也未涉及那些构成了中心日常生活的重要部分的关键的、热烈的政治论辩和不同见解，而这些讨论常常把中心与伯明翰（在较小的范围内，还有与伦敦和其他地方）的政治和艺术活动联系起来。

相反，这些讲座提供的是一部理论的历史。然而，尽管如此，这些讲座也不可能全面反映英国文化研究丰富的理论资源、挑战、协商，不可能反映那些或被接受或被拒绝的道路，以及那些构成了英国文化研究之结构与历史的进展。例如，我们很难忽视这些讲座中女性声音的遗漏。到1983年，父权制对亚文化理论的影响面临着重大的理论挑战，而女性主义者对接合理论（theorizing articulation）有重要贡献。平静的文化研究的理论史在当时已经发展得比较复杂、不平静。它每时每刻都受到争议——一些观点被接受又被拒绝，另有一些观点与之并存，还有一些观点与之公开对抗。因此，没人有足够的资格来讲述这个故事，就连霍尔也不行。此外，这些讲稿当然也会受到研讨班和学术会议主题的影响：马克思主义对文化解释的贡献。

这个集子也是一部被约翰·克拉克（John Clarke）称为"多样性的胜利"（the diversity that won）的历史，在这个意义上，这是一段已经成为英国文化研究的主导性道路的历史。这个故事开始于霍尔自己在中心的发展，到这个版本的故事结束的时候，与其说它是马克思主义的故事，不如说它是关于中心历史的故事，用霍尔描述理论工作的话来说，是"与马克思主义的天使摔跤"的故事。但这是一个双重意义上与马克思主义（在这个词产生之前）相遇的故事。一方面，文化研究的根源——无论是在学术上还是政治上（新左派）——都被清晰定义为抵抗主流马克思主义理论和政治的政治。新左派和文化研究都在寻求另外一种批判的唯物主义实践和社会主义政治的形式。另一方面，文化研究最早的重要理论资源是雷蒙·威廉斯（Raymond Williams）的著作，而那是威廉斯在走出马克思主义的壁橱（Marxist closet）之前的著作，那时的威廉斯也还不知道有其他从事马克思主义的方式。

霍尔显然熟知这一切。他知道自己是在构建一段故事，他要照原样把它制造出来，让它配得上中心的同事们为了把他们宣称的文化研究做出来所付出的努力。也是在这个意义上，他把这个系列讲座描述为一部"理论史"，这里的历史包含着"将真实虚构化"的自我意识。这也是一个提前结束的叙事，因为它不是在讲座结束时才停笔的，而是稍早在霍尔离开中心时就结束了。因此，当我们与霍尔商量要出版这些讲稿时，他说他想把这里面的故事内容扩展更新一下，又说他对那些没有被讲演所包含的文化研究的发展，已经多少有些认同，特别是有关后结构主义、主体性、以及与女性主义相关的发展。应该指出，后来霍尔的确扩展了这个叙述——在此过程中进行了较大的修订，这一点体现在他在1988年"文化研究的现在与未来"的学术会议上的发言，这个发言后来以"文化研究及其理论遗产"（Hall, 1992）为题发表。

以上所讲都会引向一个有趣的问题：为什么等了三十年，这些讲座才得以见光发表？或者更让人难过一点地说，为什么它们在霍尔去世后才得以发表呢？当我们刚开始与霍尔讨论出版这些讲座内容的时候，他起初不太确定，后来仅同意将它们作为历史档案发表，即把它们视作某一特定时刻的产品，一个在某一特定时刻从特定角度构建的故事，这种讲述的方式造成了它的人为的结束，仿佛是已经结束了，或者说仿佛它们的历程已经被确定。霍尔是评论家，这不是秘密。评论是针对一些特定的学术讨论的介入，对一些特定的历史政治语境的介入。他们并不创造固定或普遍的立场，这些不是终极的论断，因为它们总是暂时性的，总是对修改敞开，因为总有新的学术资源出现，历史语境会变化，权力关系（支配与反抗，限制与抵抗）会面临新的挑战等。这是霍尔的思路。这本书的暂时性是不同的：它暗示了一种霍尔总是想规避的封闭和确定感。所有有他的名字出现的都是一些他编辑的书，或是与人合编的书，只有一本例外：在他的朋友马丁·亚科斯（Martin Jacques）——《今日马克思主义》的编辑——的说服下，霍尔出版了《艰难的更新之路》(*The Hard Road to Renewal*, 1988)。这是一本关于撒切尔主义的论文集，讲的是在一个确定的时刻，带着一个确定的目的，撒切尔主义介入了开启左派和工党的未来方向的讨论。

这是一个重要的时刻。尽管不少知识分子满足于关于经验描述的必要语境的说法，我们要认识到，用同样的语境观去理解作为工具或介入的理论（及概念）并不容易。霍尔对此特别警觉，特别是当他看到美国学术界对理论的迷恋和偶像化（这是霍尔自己的说法）时更是如此。这些人相信自己的工作就是去寻找正确的理论，一旦找到理论这把钥匙，就能解开所有社会现实的秘密。理论的语境性正是霍尔在这个系列讲座中十分强调的（他非常优雅地做到了这一点）。我们相信，这也是他坚持要为这个系列讲座写一个前言的原因。他不希望读者认为他自以为提出了正确的理论，即使是对文化研究，甚至英国文化研究，他都不希望读者有这样的误解。他不希望读者认为他讲述的就是文化研究的真相，它应该是什么样子，应该采用什么理论资源，或者应该走上什么样的一条理论道路。相反，他所描写的是一个不能脱离英国语境的文化研究和文化研究的演进方式。让我们搞清楚这一点：霍尔的意思并不是说文化研究就是英国的或者说只能是特别的英国的领域，他的意思是，他只能从英国的语境出发讲述文化研究的发展。他并不是说，这些就必然是文化研究的理论构成，只不过这些是当时可用的理论资源。他并不是在说，这些特别的争论就一定构成了文化研究，而是说文化研究就是在不断理论化，不断回应政治挑战的"紧要关头"（conjuncture）的过程中发展起来的。他并不是在说，这就是文化研究甚或英国文化研究的最终形态，而是说这是当时的发展状态，或者至少说，是他在讲座时他能够讲述的发展状态。他不是在说，这个故事（以及它的结尾）可以被拾起"打包转卖"到其他的地理/知识/组织/政治的语境中。当我们讨论霍尔对文化研究的看法，包括他所讲述的文化研究所依赖的理论路径，我们应当像霍尔对待葛兰西的看法一样小心："要小心、耐心地把它们从其赖以成长的独特历史语境中剥离出来，并移植到新的土壤中"（Hall, 1986, pp. 6-7）。

由于这是一本由独特的历史资料所构成的著作，一本记录霍尔三十多年前的讲座的著作，它给作为编辑的我们带来了一些挑战，我们必须有所取舍。我们基本保留了讲座的结构，因为它们代表了霍尔自己的逻辑和结构，尽管从他后来的写作来看，他也可能有不同的组织方式。我们也考虑过依据霍尔已经发表的著述或者其他讲座增加一些章节。我们了解霍尔的心愿，他在这些讲座完成之后，曾表达过要更新他所讲述的故事的愿望，以便对马克思的理论和其他马克思主义理论进行更加精确的描述，这些思想反映在霍尔一系列精彩但少为人知的论文中，其中包括：《重新思考"基础——上层建筑"的隐喻》（Rethinking the "Base-and-Superstructure" Metaphor）（1977b），《马克思阶级理论中的"政治"与"经济"》（The "Political" and the "Economic" in Marx's Theory of Classes）

（1977a），以及《马克思关于方法的论述："阅读"〈1857年政治经济学大纲导论〉》(Marx's Notes on Method: A "Reading" of the "1857 Introduction to the Grundrisse")（2003）。然而，最终我们决定，由于这些讲座曾经对听讲座的人们产生了如此重大的影响，这些人经常把自己所学的功课运用在自己和自己所在单位的工作中，因此应该按照这些讲座原来的样子把它们呈现出来。我们把这些讲座视为历史资料，也把它们视为文化研究的当代贡献，所以我们选用了讲座时的时态，以保留当时的现场感，尽管这可能导致现在读起来有点怪怪的（特别是有些用一般现在时所讨论的人已经去世了）。我们也努力保留了这些讲座的霍尔特征，包括他讲话的特点（除非这些特点实在影响了阅读）。我们也在我们认为需要的地方加了一些注解，尽量使用了霍尔当时可能也会使用的参考文献。最难的还是学术上的。这里面的几个讲座后来成了此后一些出版物的基础，其中一些我们还帮过忙。第五讲和第六讲中霍尔讲述了阿尔都塞的断裂、意识形态和接合概念，这些后来被重组为一篇现在被广泛引用的文章，即《指意、再现、意识形态：阿尔都塞与后结构主义之争》(Signification, Representation, Ideology: Althusser and the Post-Structuralist Debates)（Hall, 1985）。最早是在这个讲座中，霍尔第一次详细解释了被"召唤"(hail)为"黑人"的多种方式，并以此方式非常有力地阐释了意识形态和接合（articulation）的作用。这篇文章的发表意义重大，它把霍尔及文化研究极其巨大的潜能介绍给了广大北美的读者。第七场讲座中关于葛兰西（Gramsci）、意识形态斗争和文化抵抗的内容后来被整合为《葛兰西对种族和族群研究的意义》（Gramsci's Relevance for the Study of Race and Ethnicity）（Hall, 1986），这也是霍尔另外一篇重要的文章。事实上，霍尔在1980年代中期和后期的不少文章都与他在这里做的这个系列讲座有关。除了一些必要的出于准确清晰要求的一些修改，我们并未因为后来的这些发表改变相关讲稿的内容。我们决定尽可能忠实原稿，这么做是出于对理论形成时刻的尊重，也是对霍尔口头表达中独特的节奏的尊重。

把这些当时的讲座记录并保存下来真是一件了不起的事。詹尼弗·斯莱克见到了自己的老师的老师（劳伦斯·格罗斯伯格）后非常激动，她希望能把这些讲座录下来，并且获得了允许。她当时坐在教室的前排，带着一台小小的卡式录音机，时不时还把磁带翻一下面。一旦霍尔发现翻磁带时有些话没有录上，他总是会慷慨地停下来等磁带翻好。几周之后，所有参加讲座的人都意识到了这些讲稿对于文化研究的重大贡献，我们开始思考这些在我们眼前展开的概念——比如"接合"——的重要意义，我们开始讨论发表这些讲座讲稿的可能性。倘若不是出于上面提到的原因，这个讲座集可能在1980年代就出版了。教学研讨班和学术会议结束后，我们把讲稿录音进行了转写,并打印了出来(当时还没有电脑的帮助),普渡大学的一个本科生和伊利诺伊大学的几个硕士生完成了这项工作。当时没有这么便利的技术条件,因此这个过程的工作量还是很大的。霍尔阅读了所有转写的文稿,并参与了编辑。但到1980年代后期的时候,因为霍尔不愿意出版,这项工作被搁置了起来。已经被部分编辑好、打印了的发黄的稿件就一直在一个盒子里保存着。最初的那些磁带也仍然放在詹尼弗的桌子上,除了第一盘磁带,它因为时间太长已经丢失了。

任何见过霍尔的人都能证明,他是一个非常慷慨的学者。由于他不愿意因为自己关于文化研究的故事而限制文化研究的边界,他所讲述的文化研究的故事直到现在才能够被更广泛地分享出来。这是一个美好的故事,一个有益的故事,一个会对文化研究的过去、现在及可能的未来产生重要影响的故事,一个甚至可能重新赋予它以新的力量的故事。这些讲座对我们理解和参与权力、文化控制、斗争和反抗等概念帮助甚大,为此,我们深深感激凯瑟琳·霍尔(Catherine Hall),她同意授权给我们,与大家分享这些讲座。

参考文献

Hall, Stuart. 1977a. "The 'Political' and the 'Economic' in Marx's Theory of Classes." In *Class and Class Structure*, edited by Alan Hunt, 15-60. London: Lawrence and Wishart.

Hall, Stuart. 1977b. "Rethinking the 'Base-and-Superstructure' Metaphor." In *Class and Party*, edited by John Bloomfield et al., 43-72. London: Lawrence and Wishart.

Hall, Stuart. 1985. "Signification, Representation, Ideology: Althusser and the Post-Structuralist Debates." *Critical Studies in Mass Communication* 2 (2): 91-114.

Hall, Stuart. 1986. "Gramsci's Relevance for the Study of Race and Ethnicity." *Journal of Communication Inquiry* 10 (2): 5-27.

Hall, Stuart. 1988. *The Hard Road to Renewal*. London: Verso.

Hall, Stuart. 1992. "Cultural Studies and Its Theoretical Legacies." In *Cultural Studies*, edited by Lawrence Grossberg, Cary Nelson, and Paula Treichler, 277-294. New York: Routledge.

Hall, Stuart. 2003. "Marx's Notes on Method: A 'Reading' of the '1857 Introduction to the Grundrisse'." *Cultural Studies* 17 (2): 113-149.

Hall, Stuart, Chas Critcher, Tony Jefferson, John Clarke, and Brian Roberts. 1978. *Policing the Crisis: Mugging, the State, and Law and Order*. London: Macmillan.

Nelson, Cary, and Lawrence Grossberg, eds. 1988. *Marxism and the Interpretation of Cultures*. Urbana: University of Illinois Press.

霍尔系列讲座前言（1988）

文化研究的历史，以及其在这些讲稿中被展现出来的术语，与我个人的生平有着部分的重合。我按照自己理解的方式在讲述这个故事。这当然利弊都有。一方面，我特别了解这个故事，另一方面，我则着迷于这个故事的一个特别的版本。在后面的讲稿中，我也不会描绘文化理论的总体图景。我不用假装自己能够囊括文化研究的全貌，我想要谈论的，是自己所经历的文化研究中理论发展的历史。文化研究以一种特别的方式在英国发展起来。我将根据自己的经历，向大家描述这个方式。我不会把自己的经历当作文化研究最后的遗言，而是要通过对这段历史进行分析式、概念式地描述，从这个传统中抽引出一些或许对其他传统以及与英国的具体发展不相关的具体情况有益的一些概念。因此，此书的标题被定为《文化研究1983：一部理论史》（*Cultural Studies 1983: A Theoretical History*）。这些讲座旨在提供一个对文化研究而言非常重要的理论的历史，同时，我也清楚，对于这个历史的陈述带着一定的视角，这个视角部分受到了我自己所经历这些理论的发展方式的影响。因此这必然是一个有点理想化——或者理论化，如其所是——的历史。

我并不是要暗示说，这种策略不过是必要的折中方案，或是对事情真相的苍白反思。相反，我认为那正是理论的真谛：一个从不同的位置持续的参与或是对话，而其中的解释乃是一个双向的过程。那种认为理论的发展是一个突发的认知断裂的过程的看法不过是理性主义者极端的幻觉，他们认为只需要纯粹的概念而不需要太多思考就可以超越之前的坏理论，凌空跃入科学领地。思想当然不是这样发展起来的。因此，这些讲义的目的是要参与一个实际的理论活动过程。

在描述文化研究的这段历史时，我想提醒读者注意，理解一个理论的历史语境是非常重要的，无论是葛兰西、阿尔都塞，还是列维-施特劳斯的等等，都是如此。这并不意味着历史可以解释理论，也不意味着它能确保理论的科学性和精确性。历史和理论是两个相互勾连但又不完全同步的领域。理念常常出现在特定的历史地点，这个地点又会以某种方式改变理念的内涵。理念的产生部分是由于历史的原因。但一旦确定了语境，我们还应该考察理念内部的一致性，以及回应它要定义的问题的方式。这当然会牵涉历史和理论之间关系的问题，而不是展开一个逻辑与概念都清晰的理论思路，也不是简单地把理论还原到历史的状况中进行解构。

文化研究处理的是英国语境中的问题，那里面临着独特的政治问题，也有着独特的理论资源。人们总是诉诸自己的经历和理解来处理和分析复杂的政治状况。然而人们本应利用理论去进入经验，去调查这些政治状况呈现出来的疑点，以便更好地理解这些状况，并弄明白该如何回应。文化研究正是在这样的关头出现的。但总是存在着其他类似的关头，它们会带来重大的历史变化，带来社会发展和机理的变化，从而产生新型的关系系统。也正是这些问题塑造了理论和政治的议题。正是这些要面对的新情况使得旧理论显得捉襟见肘。必须要有新的理论出现，才能带领人们走向看似既定的目标，而我们希望，我们是走在朝向那个目标的道路上，即理论与现实的结合。

这些理论工作通常作用在已经被占领的理论领域。人们不可能谈论一个与本领域已有的话语毫无关系的话语。理论发展的部分原因，就是要抛弃一个不恰当的理论，用更加切恰的理论取而代之。因此，当我们谈论一个理论，必须先从描述已有的理论话语状况开始，这些已有的话语曾试图对这些领域进行思考，正是在此基础之上，需要做一些综合，提出一个新的立场。在理论话语系统里，总有理论的交互话语在发挥着作用，这会影响在某一特定社会形势中的思考方式。身处某一特定的智识环境，很难超越你要经常接触的主导哲学话语进行思考。比如，对雷蒙·威廉斯的影响的理解（第二讲）就要牵涉到对英国经验主义思考模式特点的理解。这不是说，威廉斯是一个典型的经验主义者，但确实意味着，要了解他的著作，你得要承认高度的经验主义、实用主义的话语在英式思维中的巨大影响。当然，倘若要在一个不同的社会情境中思考文化研究的问题——比如在美国的情境中——你会发现它将以自己的话语方式来取代英国文化研究里的话语模式。因此，当我谈到美国的社会学（第一讲），我将不会告诉听众美国语境里的文化研究如何对待那些社会传统，而是告诉听众，在英国我们怎么看待这些问题，美国社会学理论在我们的智识环境中所显示出来的独特模式，其如何被接受、修正、反对，或者变形。

我还想强调一下体制化时刻（institutional moment）的重要性，它并非就是把一些学术话语聚在一起。当一系列话语和实践被体制化，就会有额外的事情发生。它们被具体化成某些特定的形式，一个行动的指南，以及被特定社会目标导向而组成的一群人。它们被指引朝着某些目标和方案努力。另外，不同的体制化基础会产生出不同的实践。在强调当代文化研究中心出现在某一特定时刻、特定地点的同时，我也想指出，要理解一个新领域的发展，必须从那些它被体制化的形式出发去理解。

最后，我想指出，这个领域围绕着文化这一概念组织起来是有偶然性的，因为文化这个词很不明确，很模糊，也很难定型，它有着多样且不同的含义。作为当代文化研究中心的主任，很长一段时间，我最害怕的就是别人请我讲解文化到底是什么意思。与国家的概念不同，文化是那些你越是解释越解释不清楚的概念中的一个。但这并不仅仅是因为文化是一个很难把握的概念。更加重要的一个事实是，从事文化研究并不意味着你认为整个世界都可以从文化的角度去解释。有时我会感到，在文化研究领域工作仿佛就是在一个流放地工作，因为很多需要理解的文化关系表面看来与文化并没有什么关系。在这个意义上，文化研究是个跨学科的领域，它向其他学科借鉴并被交叉学科所滋养。的确，文化研究位于并且一直位于各种交互的知识和学术领域所构成的知识和政治空间之中。

第一讲

文化研究的形成

文化研究的议题出现于1950年代和1960年代初期的英国学术界。很重要的一点是，当时之所以提出文化的概念，并不是为了回答一些宏大的理论问题，而是要对一个非常具体的**政治**问题和疑问进行回应：在经济富足的情况下，工人阶级发生了什么变化？第二次世界大战之后的几十年间，特别是在50年代和60年代，英国经历了20世纪前所未有的经济繁荣。那是一段非凡的时期，经济的富足对社会关系和文化态度产生了深刻的影响。当然，这些广泛的变化并非仅仅是经济变化所造成的，也有战争带来的特殊状况的原因。战争常常会破坏社会中正常的关系链，包括阶级。尽管战争并未无中生有地制造出新的潮流，既非从无开始，也不是无中生有，但它确实创造了条件，使得曾经深潜在社会底部的一些趋势加速发展，相较通常的情况，它们得以更加容易地呈现出来，并冲破社会常规模式的禁锢。显然，在英国，巨变是在战争中开始的，战后变化持续并加速发展。那段时期，使每个人都吃惊的是，工党取得了很大的优势（有可能是我们能看到的工党最后一次占据优势，但也可能这看法太过悲观），推动了福利社会。单此一点，就是重大的历史时刻。在此之上，大规模的消费的爆发也产生了相当强劲的社会和政治影响。此外，50年代中期工党开始失势，保守党引领甚至控制了这个高度繁荣的时期，因此关于富足的文化定义是由保守党霸权决定并传达给英国人民的。哈罗德·麦克米伦（Harold Macmillan，1957—1963年担任英国首相）是爱德华巫士（Edwardian wizards）之一——有可能是最后一个，根本对经济发展毫不在乎，任由经济自由发展，他只不过时不时提醒选民一下，使他们看到经济运行如何良好。他的口号是："经济从未如此繁荣，你们要确保让这繁荣保持下去。"保守党的政治霸权不断提醒人们注意经济的繁荣以及大众社会的到来。

这是英国生活中的"美国篇章"。在此之前，人们（尤其是马克思主义者）一直认为英国是工业社会的首要范式，不论是经济的扩张还是利润率的下跌都首先发生在英国。但在战后他们不得不面对这样的事实，对整个西欧来说，美国突然成了范式。就人口数量而言，各处都发展良好。然而社会生活的模式正在发生巨变，这种巨变使得战后的阶段与战前明显不同。这些巨变显示，美国文化正在全球范围内成为历史性的引领者：阶级关系的尖锐性正在减弱；工人与中下层阶级发生流动，且被并入专业与非专业的商业阶层；大众文化开始兴起；大众媒介的渗透日益加强，电视时代已经开始；以消费广告为导向的意识不断扩张；等等。

因此，英国的知识分子和政治家不得不面对这些有关大众文化、大众社会的问题，面对发生在一个富有的、资本主义的、发达的工业社会中的变化问题。这是第一次，他们要用美国的方式来看待这些问题。当工党在1959年大选中再次失利的时候，人们预计保守党将要掌权一百年了（万幸他们并没有，但当时确实看起来他们将无限期掌权下去）。1959年的工党大会上，工党的领袖试图解释问题的原因所在时使用了他的分析工具包，怪罪于电视、冰箱、二手摩托车、妇女杂志、工人阶级工作帽的消失，以及人们不再去看赛狗（people did not go to the whippets anymore）。其实，文化生活的崩溃才是原因！因此，接下来的问题是："工党必败吗？"——并非偶然，当时一本最流行的书也是这个名字（Abrams and Rose, 1960）。只要工党还是认同于一种传统的工业阶级文化（industrial class culture），由于这种文化正被大规模的大众文化的流行所破坏，那么答案就很清楚："是的！"因为在这样的社会，阶级必定会受到破坏，社会则会看起来，或令人感到具有了美国社会的形状和特征。因此，政治必须做出改变。

这个简单的概括可能隐藏了这样一个事实，即这些变化为研究社会的人带来了众多要分析的问题。大西洋两岸的人们都在谈论着"后资本主义"社会，谈论着传统的以阶级为中心的政治意识形态的衰败和消亡。有些人走得更远,甚至谈到"意识形态的终结"(著名的有丹尼尔·贝尔,1960年)。但是,尽管这个社会经济体系存在着经济和政治方面的问题,它们与此前的英国社会完全不同,有一点是很清楚的,这些变化与其说是政治经济的变化,毋宁说是文化和社会的变化。但这又引来另一个根本的问题:我们应该运用什么样的工具去理解文化变化中微妙又常常是互相矛盾的特征?另外还有很重要的一点,如果你能理解社会文化中所发生的变化,你就具有了非常重要的战略线索,可以理解社会特征中更大的变化及其发生的方式。

我以这段历史开始,是为了把自己与那些认为文化研究的产生是一个智识计划(intellectual project)的人分开。我想强调的是,文化研究的诞生实际上是一个政治计划,是一种分析战后发达资本主义文化的分析方式。因此,很自然的,文化研究的兴起与新左派作为一个政治团体的诞生紧密相关。这两个运动一度结合紧密且并行不悖。50年代中期的新左派,在其诞生之初,就致力于对社会已经意识到的变化的特征进行激进的分析(与传统的左派不同,包括马克思主义者),他们意识到自己所继承的理论和分析工具都不太有效。新左派认识到了这一时期发生的文化变化的重要性,也意识到现有的马克思主义分析工具缺乏效用,大部分时候,它们根本没有这样的概念。稍后我会重新回到马克思主义思想对文化问题处理的早期形式。

然而，我的目的并不是要把重点放在新左派上，而是要指出其与文化研究的形成之间的关系。许多文化研究的奠基性学者都曾属于早期新左派的阵营，并受到其政治思想的滋养，包括雷蒙·威廉斯，某种程度上也包括理查德·霍加特。其他积极参与文化研究发展的成员，包括我自己，与新左派认同更深，我们积极为《新左派评论》(*New Left Review*)和其他杂志投稿，也积极参与到政治运动中。在这个早期阶段，很多人既属于文化研究派，也属于新左派。

很多人试图记录当时正在发生的文化变化的特征，理查德·霍加特（1957）是其中一位，他写了一本《识字的用途》(*The Uses of Literacy*)。霍加特出身于北部工人阶级家庭；写这本书的时候，他是成人教育老师；后来他成了一名英语教授，是伯明翰大学当代文化研究中心的奠基人。某种程度上来说，霍加特是扎根于英语文学批评传统的，即是说，几乎像我们所有人一样，都曾受到 F. R. 利维斯（F. R. Leavis）的英语文学观的影响，这一点我随后会再讲。因此，当霍加特书写文化，他是作为文学批评家在书写文化，他用分析诗歌和小说的方式，对真实的社会和文化生活进行分析。他试图追溯战前他自己，以及像他一样的人们所经历的传统工人阶级的生活。从那段时间工人阶级生活的社会和文化之中，而不是政治和经济之中，他发现了一种特定的文化模式，价值观的集合，以及人与人之间的关系模式。他看到那些物质生活并不丰富的人们也为自己构建了生活，创造出维系他们的文化。

当然，这种维系是位于从属地位的维系。他们并非世界的主人，也不会引领任何事情，但他们得以生存，以体面的方式生存。

他们的生活构成了文化的一种模式：不是那种所谓官方认可的（authenticated）、被规定的（valorized）或者支配性的文化，也不是那种字面意义上及"有文化的"（cultured）文化模式，而是他仍然愿意称之为是"文化"的文化。他引发了对早期传统工人阶级——工党领袖认为已经永远消失的工人阶级——的关注，并运用阅读散文的方式对他们进行解读。他描写了他自己长大成人的工人阶级的家庭，他们客厅的布置方式：就算他们的房子破败不堪，也总有留给访客的空间，其他人都不会进到访客的空间。他们可能自己四个人挤在楼上的一张床上，但总要留出地方招待客人。他含蓄地表明，这些与乡村住所或者布尔乔亚宫殿的文化一样，都是一种文化。这些人创造他们的生活，赋予他们的生活以意义。我们不断研究历史和文学的过去，解释各种特定文化产品的意义。过去我们不曾将这些视为文化，不曾将其同样视为有深度的文化。

霍加特通过描述文化来对它进行定义，使用直觉式的、文学批评的方式对这种文化进行描写。他并非社会学家，特别不喜欢使用定量的方法。事实上他的训练主要来自英语文学的传统，对定量分析深表怀疑。柯勒律治（Coleridge）的这段话（1817, p.109）最能表达他的态度：人（我希望包括男人和女人。——霍尔原注）应该被衡量（weighed），而不是被计算（counted）。这是柯勒律治对实用主义和政治经济的批评，是他对早期工业资本主义对人的伤害的批评；柯勒律治说，他们把工人阶级称为"工业人手"，仿佛真的只是一只操控着转动的机器的手，而人类与它连在一起仅仅是一种巧合！正是这种语言，使人对今年有10万人失业的事实麻木不仁！人应该被衡量，而不是被简单地计算。霍加特继承了这种深入文学批评肌理的传统。相对于数量统计，他会进行衡量，进行描述。尽管他并不熟悉人类学，但他所从事的是民族志的研究，将自己的生活视为发生在南部海洋地区的乡村，观察那里人们的奇谈异行。

事实上他的研究方法的确是民族志的方法。他首先倾听他们的语言，那些人们实际使用的语言，那些人们用来维系关系的语言，以及那些人们用来分门别类的语言。比如，他对工人阶级如何以及为什么以特定的方式在特定的时间谈论命运（Fate）很感兴趣。人们可能经常在绅士阶级的家中走廊上听到首字母大写的"命运"一词，但这种命运跟那种对于工人阶级来说意味着生活戛然而止的命运不是一回事。命运会给你很好的一手，其意思是说，你就这一次好机会，最好抓住时机做点什么，否则会时不再来。更多的时候，命运总会带来你深知会降临的厄运。会发生什么呢？命运！这是对历史没有任何把握的阶级的语言。这是属于承受厄运降临的阶级的语言，而非主导事情发生的阶级的语言。以这样的方式，霍加特梳理出了社会上这个群体的隐含价值结构的含义，阅读了他们的物质生活，他们谈话的方式，他们互相联系的方式，他们处理物品的方式，以及他们如何对模式进行组织。通过对文学的阅读，而不是人类学（他没读过），他认识到这些都是有意义的。

他把文学的想象运用在了文化的分析上。如果说这些实践将他带入传统的文学文化传统，他也同时身处这个传统之外，因为这个传统从未将他的写作主题视为值得关注的对象。如果你向利维斯讲述利兹（Leeds）工人阶级家里的起居室，他不会明白你在谈论什么！而且，他也不会认为那与"文化"相关。在那个传统中被塑造的霍加特，试图把曾经被忽视、被排除在外的部分引入文化。在这个意义上，他既位于塑造了他的传统之内，又外在于它。他从其中挣脱出来，使用它来处理自己的经验，并将这种经验普遍化。

这是这本书的第一部分，这一部分极其丰富、重要，对于当时正在兴起的"文化"的理解影响重大。在第二部分霍加特致力于阅读他所身处的时代——1950年代，这一部分，在我看来，几乎就是场灾难！对于发生在他自己所处的工人阶级文化之中的变化，霍加特并未采取批判性细读的方式进行理解，而是根据他对美国大众文化的假设，以及他对美国大众文化传统的改写来进行理解，这一点我稍后还会讲到。他简单地把对美国大众文化的批判转移到了英国。他不是唯一一个把目光投向别处对英国文化进行分析的人，比如非常著名的社会民主人士，安东尼·克罗斯兰德（Anthony Crosland）在《社会主义的未来》（*The Future of Socialism*, 1956）中也表达了类似的看法，认为美国及其文化直接跨越大西洋影响了英国。

尽管如此，《识字的用途》仍然是一部里程碑式的著作，因为它首先关乎一个政治争论，同时也关乎一个知识的争论。初次阅读《识字的用途》是在我见到霍加特之前，当时是在政治讨论的背景下，我是为了试图回答前面所列出的问题才去阅读它的，而非为了学术研究——在学术界，理查德·霍加特因写了一本研究奥登的书（Hoggart, 1951）而闻名。在政治的背景中，此书被视为解释当时世界的重要著作；在学术语境中，我想那是一个学者出于职业需要的创作，一种学者出于直觉书写的解读英国的著作，是一本不必太过看重的著作。然而，它得到了严肃的对待，因为它回应了我们试图发问的重大问题：这个社会将走向何方？我们的文化怎么了？

从第二个，也是体制上的意义上来说，霍加特的重要性在于，他到伯明翰大学后，创办了当代文化研究中心。其价值在于两个方面：第一，持续了《识字的用途》中的工作，以更有组织的方式进行了更多的工作，引导不同背景的研究生从事对自己的时代展开研究，寻找方法去训练打造跟文本有关的学术感受力，并将它们运用在社会分析上。是霍加特使得文化研究拥有了体制化的形式，这是非常重要的。正像葛兰西所认识到的，意识形态或理论若不找到一个政党依附是没有价值的，即是说，它需要一种有组织的、体制式的表达。霍加特为文化研究建立了体制，给了它一个基础，确立了实践的方式，把人们聚到了一起，从而使得这个原本飘在空中的计划，发展成为一个真正的知识进步。

下面我想谈谈当代文化研究中心早期工作中的问题，以及其他相关的关于文化和文化变迁的问题。这到底是一个什么样的领域？特别是对于"文化"来说，这个词所位于的到底是一个什么领域？这个研究被给予了什么样的研究场域？在什么地方"文化"这个术语得到了思考和阐发？这个新的研究中心，新的研究计划，可以从哪里寻找可以利用的资源？哪些学科可以为它提供养料？

我已经指出，文学批评领域在文化研究的建制方面起到了重要作用，特别是 F. R. 利维斯，他很有可能是英国最有洞见、影响最大的文学批评家（美国最接近利维斯的批评家是莱纳内尔·特里林 [Lionel Trilling]，他们也互相影响，两人都属于保守自由主义——与自由保守主义不同，主要体现在他们对待当代文化内部的压力、张力和差异的态度之上）。利维斯引领了一种强调细读实践的方法论。这种方法认为不能根据模糊或不精确的方法进行解读或判断，相反，必须要显示出特定文本的语言、结构和主题中所蕴含的意义和价值。当批判结论从一个地区转向另外一个，必须能够在特定的文学文本中定位出这些特征。这正是我所描述的霍加特所使用的方法，即他的分析工作总是受到文学细读实践的启迪。但在另一个层面，针对文学批评和英语研究，F. R. 利维斯提出了一个重要的主张。这并不是说他是一个狭隘的学院派。由于对文本细读、语言和情感有更大的敏感度,在利维斯看来,英语学科乃是人文学科中的核心学科,应该享有哲学曾经享有的地位。此外,利维斯还提了一个更大的主张,使得英语研究的影响超出了学术界。他指出,受过文学训练的人比其他任何人更能对总体的文化进行判断,他们的能力并不仅限于对某一文本的判断。利维斯感兴趣的是文化的整体,特定的作家及特定的文本所身处的文化之整体。这里所前进的这一步,实际上是十分重要的一个贡献。他呼吁文学界人士承担起更广大的历史责任,对更大范围内的文化趋势和运动进行解释。事实上,他的妻子 Q. D. 利维斯(Q. D. Leavis)(1932)也是一个著名的文学批评家,她最早写作了关于流行文化而不是关于高雅严肃文学的著作《小说和阅读公众》,这本书深受大众社会和大众文化理论的影响。该书认为,大部分通俗文学史被人们从情感上所轻视,那些阅读了大量流行文化作品的人,在这个过程中也在情感和智力上受到了轻视。

不过,利维斯关于文化的整体性的观点,而不仅仅是文学的观点,是他能够在这种新的文化批评实践中作为引领者的原因之一,其他与他关系接近的人,包括雷蒙·威廉斯和霍加特,也是如此。然而问题是,利维斯的文学批评实践中所蕴含的文化的概念,从根本上来说,是来自马修·阿诺德(Matthew Arnold)([1869], 2014, Viii)的传统:"文化乃所思所言之精华。"这是文化的内涵。毫无疑问,这些所思所言之精华并未书写在霍加特笔下的起居室，它们在其他地方，由他人书写。这种文化只能被那些在文学批评实践传统中受过良好的训练的、敏锐的人识别。你得进入那个传统，放弃自己，才能够识别文化到底是什么。也就是说，它是漫长的历史选择的结果，也来自于由特定的重点和盲点构造的文化传统。整个通俗文学是被排除在外的，因为它不够"高雅"（refined），因为阅读它们不会使我们的头脑和感觉更加高雅和复杂。训练有素、感受敏锐的文学批评家有责任根据文化的传统，剔除掉质量低下且有瑕疵的文学作品，并根据统一的文学传统标准，遴选出少而精的文学作品。事实上，对于利维斯来说，通常的情况是，一本书只有部分内容是有价值的：《亚当·比德》（Eliot, 1859）的中间部分，《弗洛斯河上的磨坊》（Eliot, 1860）的第一部分，《一位女士的肖像》（James, 1881）的大部分，但也不是全部，《专使》（James, 1903）则毫无价值。只有中下阶级的清教徒才会进入一个并不属于自己的传统，并成为它的守门人、它的提炼师（refiner）、它的园丁，就像利维斯一样。

利维斯对这种共同的传统抱有最高的理想。在他看来，倘若政治家阅读更多的文学作品，他们就不会使50年代的人们轻易满足于物质主义生活，利维斯称其为"今天的果酱"（jam today）。倘若人们阅读更多的文学，他们就会理解，无限推迟对享乐的满足，而不是立刻满足它们是多么的必要。在一个人们普遍认为他们的生活开始并终结于新的超级市场的时代，文化怎么能幸存呢？因而，对于利维斯来说，英语研究，包括文学和批评实践，意味着对文化传统的积极使用，以便控制野蛮人的行为。"野蛮人"是一个复杂的敌人，它包括《泰晤士报》文学增刊和《纽约书评》等机构的软弱的批评家，利维斯称他们是这些文化机构的非利士（philistine）联队。这些批评家并不真正关注文学，也不会从道义上为文学而战。当然，这里的"野蛮人"也包括霍加特笔下那些只想要"今天的果酱"的工人阶级。

利维斯的方法不允许仅仅对作家本人进行关注，掌握他的方法需要长期的训练。他的做法是，让一小帮人聚在剑桥的一间小房子里面——因为不会有很多人愿意干这事儿——彼此交谈，进而从事那解读文本的文化价值和意义的艰难工作。其中一人可能会说："我觉得这个文本相当腐朽，你觉得呢？"另外一人回应道："没有我们上次读的那个腐朽。实际上，这里面还是有一段挺好的。"诸如此类。讨论的方法通常是这样的："是这样吗？是这样的，不是吗？"战前战后所有学习文学的人都被利维斯，被这个传统，以及被这种实践方式和价值观所塑造。我当时在牛津读文学，牛津的人都讨厌利维斯——那个"总是皱着眉的清教徒"。利维斯在剑桥对文学越是严肃，牛津的人对文学就越是轻浮；利维斯越是看重细读，我们就越是依靠我们的直觉和本能。然而，即使是我们这些被业余的传统所塑造的人，也不得不意识到利维斯在道德上的严肃性。他的确认为文化事关重大。这是一种非常精英主义及精致的文化观。这种观点不足以理解大众文化的复杂性，也没有把整个社会的全部生活模式作为目标和主体。然而，他知道这是一个需要认真讨论的严肃之事，但是当时的文学建制并不关心流行文化的发展。不过，利维斯的观点是对的。尽管阿诺德-利维斯的传统是为数不多的仍得到严肃研究的"文化"，它并不能提供一个发展文化科学的恰当基础。

当然，一些类别的人类学中也有"文化"这个术语。尽管人类学并未在大部分英国大学中得到讲授，有一个重要的文化观点的线索来自人类学的传统：作为全部生活方式的文化，是人们或者用来与他人区分开来，或者用以互相联系的独特的生活方式。文化这个概念在雷蒙·威廉斯的作品中占据很重要的部分。不幸的是，英国的人类学传统是结构主义的人类学，而不是文化人类学。它所观察的主要是社会机构（家庭、宗教等），而不是文化的实践。在法国和美国，人类学更加关注文化、语言和象征（symbolic）问题。尽管英国的人类学没有太关注文化工作和文化分析，还是有一些严肃的传统使得文化的一些重要观念保持着活力。毕竟，作为一个帝国主义国家，它曾摧毁了世界上数以百计的文化，通过在这些文化中与它们的协商维护自己的文化，它当然知道这个概念的含义！它可能拥有一个表达"偏远内陆，丛林头盔"（up-country, bush helmet）之类的关于文化的概念："本土文化"（the native culture）。倘若你是个殖民地官员，如果你知道自己要去参加的是一个"有文化"的活动，即使是炎炎夏日，你也会打扮整齐去参加晚宴。这其中当然有象征意义的上演！不能用马林诺斯基的（Malinowskian）功能主义来解释这一点，因为它恰恰是功能主义的反面。同时，你还必须意识到，这里面存在着文化的冲突。毕竟，从另一方面来看，那是另外一种文化，你试图吸纳的一种文化，或者你必须管理的一种文化，但这种文化拥有自己存在的方式。你必须在两种法律系统、两种解决争端的方式，以及两种婚姻模式等之间进行协商。英国的人类学完全被一个帝国的历史所标记，刻满了帝国历史的印记。无论如何，它保留了一些关于文化的重要思考，尽管这些没有受到当时正在发生的文化研究和新左派的关注。

文化概念理论化的第三个来源是社会学。1950年代的社会学是美国社会学。英国社会学在社会调查（比如，查尔斯·布斯［Charles Booth］和亨利·梅修［Henry Mayhew］）以及社会政策管理方面有着悠久卓越的历史。但作为一个发达的理论领域，英国的智识生活并未对社会学做出主要的贡献。英国社会学界没有出现涂尔干（Durkheim），也没有出现韦伯（Weber）。马克思自己找上了我们，我们并没有创造他。英国甚至都没出现塔尔科特·帕森斯（Talcott Parsons）（你们可以有这个！）。英国社会学一直是非常经验主义的，描述性的，总是站在社会改革这一面。直到19世纪晚期，当你告诉别人你是个社会学的学生，那就意味着你总是想着改变社会状况。尽管英国的社会学家也在20世纪初期采用了科学探讨的模式，英国社会学的真正兴起是在20世纪50年代，那时采用的理论模式和研究方法主要是美国式的。讨论文化研究的兴起的背景不一定要把美国社会学包括在内，但有必要指出一点，即这个故事的一个极简版本：关于大众社会和大众文化的争论。这个问题首先出现在1930年代法兰克福学派的作品中，然后在对大众文化多方辩护的1950年代达到高潮。

1930年代期间，霍克海默（Horkheimer）、阿多诺（Adorno）以及社会研究所的其他成员，从法西斯主义的兴起中领会到一些重要的教训，主要体现在对意识的组织、社会意识和文化组织的特征的认识上。他们提出，社会的失范——其可能性远超了我们通常对启蒙和理性思考的进步的理解——因为社会中基本观念的崩溃而变得可能。因此，我们必须要观察那些无意识的力量和深层的独裁关系，它们可能在自认为最为先进和最有文化的社会中被发动起来。法兰克福学派的很多人为了逃离希特勒的杀手去了美国。他们认为，他们在德国发现的一些导致了极权模式的崩溃征兆（它们被发现得太晚了），正在美国形成。在某种意义上，他们向那些为美国社会和文化辩护的人发起了挑战。那些辩护者花了长得惊人的一段时间来构思一个答复，而直到1950年代，社会学家如西莫·马丁·利普塞特（Seymour Martin Lipset）争辩道，极权的模式并未取代传统的社会机构诸如家庭或宗教，而且一些非正式的社会结构仍是完整的，这个答复才被公布。实际上，他们认为，资本主义正在实现自己的承诺；意识形态的差异正变得不那么尖锐；美国正成功地整合着不同的移民群体，创造出了一个崭新的美国身份。多元主义是有效的！这证明了，从正面证明了，美国社会足够强大，大众文化的范围足够广泛，因此能够逐渐容纳进入其中的非主流和边缘文化。那是美国社会和文化作为"熔炉"的伟大形象。

1950年代，随着美国全球帝国统治地位的增长，与其相关的社会形式和政治分析方面的讨论，也随之不断扩展。美国国旗不断出海，现代化的政治科学家和社会学家紧随其后，到处输出美国中产阶级价值观。这十年之中的很多写作都有此特征。这是最早一个阶段的进步联盟（Alliance for Progress）。一种特殊类型的多元主义和实证主义的社会科学成了理解美国社会、社会结构和文化的主要形式，随后又被世界各国开发和使用。如果你去阅读当时的英国社会学杂志，你会发现，里面的文章读起来就像是脚注，是对脚注所做的脚注，莫顿（Merton）和帕森斯（Parsons）的作品中都是如此。他们不仅毫不关注英国人的生活，对所考察的生活的独特之处也毫无感觉。一些方法手段和意识形态假设就这样被从原初语境连根拔起，生硬地移种在另外一个语境中。

在这样的主流的社会学传统中，文化是一个规则和价值观的领域，能够协调整个系统。在塔尔科特·帕森斯的作品中，这个系统包括生物系统、社会系统以及文化系统。他写到象征领域在组合不同社会族群和确立社会群体间的联系上的重要性。但是，针对这一点他只给出了极少量的具体阐释。在这种理论模式中，文化是一个融合的领域。但它并未告诉你文化融合所围绕的是一个什么样的文化价值观。它更不会告诉你，为了获得并维持能够保持社会稳定的共识，什么样的文化价值观必须被边缘化、从属化。这种社会学的优点之一，是它对文化多样性的意识；这并不奇怪，因为它所描述的是美国社会。这种社会学承认并理解存在着多样不同但互相重叠的文化模式，然而它不能说明文化与权力之间的关系，以及这些不同文化之间可能存在的主导和从属关系。因此，它无法告诉你特定的文化模式和价值观是如何取得主导地位的，主导的文化模式是如何形成的。对于中心文化和边缘文化形式之间的权力关系它什么也说不出来，比如爱德华·希尔斯（Edward Shils）的文章《中心与边缘》(1961)。那是一种从木屋到白宫模式的文化，它的起点就是大众（霍加特笔下民众的美国版）文化无情且平庸。但随着社会开放程度的增加，他们也会被吸引到中心来，中心与边缘的关系会不断发展和增殖。大众文化将在社会范围里稀释文化的标准，最后我们都读简·奥斯汀，都看电视。这种不断增长的同质文化可以确保多元主义的存在。以此方法，尽管边缘永远不会成为中心（惊讶吧！），边缘与中心的这种关系将会维持社会的文化与社会的稳定。多元主义有用！

这里有一个重要的洞见。对美国这样一个复杂的社会进行描述，并解释它团结的原因，却不考虑不同文化之间的权力关系——仿佛文化关系可以在经济关系、社会结构，特别是社会权力结构之外发生作用——这种观点会制造一种文化是真空的观点。它讲述了一个漂亮的故事,吸引人们关注到文化一些重要的特征,但这种文化的核心是空虚且有局限性的。

其他社会学传统中也有些不同的文化观,其中包含了更加丰富的文化内涵,以及关于社会群体如何互动的富有洞见的关于符号和文化关系的定义。比如涂尔干和莫斯(Mauss)的结构主义传统,发源于韦伯的现象学和解释学传统,以及建立在芝加哥社会学思想基础上的符号互动理论(重点各不相同)。这些文化观念在文化研究的发展中都发挥了一定作用,但在最初的形成期,他们的影响不为人知。

因此,在50年代和60年代早期,当人们开始在社会历史发展的语境中更多地重视文化关系问题,他们发现,智识世界中许多地方——文学批评的传统中,社会学中,人类学中——的文化观念都处在一种"半死不活"(half-life)的状态,它们没有被理论化,没有得到发展,内涵非常有限,而且受到限制。这也是为什么,在某种意义上,文化研究首要的工作也变成了最后的工作:在已有的传统中,在文化的定义方面做些工作。

最后,我想谈谈马克思主义和文化研究的早期历史之间的关系。如果说文化研究最强大的资源来自文学批评传统,尤其是利维斯的传统的话,应该把这个传统放在一个更大的讨论中去看待。利维斯一个很大的贡献是他给予了小说以其他批评家只是给予诗歌和戏剧的关注。但也正因为如此,他自己一直在同1930年代的马克思主义批评家暗暗较着劲,当时共产党的周围有很多马克思主义的书写，他们试图把马克思的理论用来分析文学作品。事实上，30年代有一派作家和批评家——比如克里斯托弗·考德威尔（Christopher Caudwell）和拉尔夫·福克斯（Ralph Fox）——他们使用马克思主义做分析工具，尤其是在小说分析上。利维斯深知这些人的作为，也将他们视为对他自己的事业的挑战。他曾直接参与他们中的好几次讨论，并把其中一些最好的作品刊登在了他所负责的《细读》杂志，比如艾德格尔·里克沃德（Edgell Rickword）和L. C. 奈兹（L. C. Knights）的作品。奈兹是当时的三个主要撰稿人之一，他对文学的经济和社会背景特别感兴趣，尤其是伊丽莎白时代和雅克宾时代的戏剧。因此，围绕利维斯及其作品所进行的写作中绝不缺少马克思主义。不过，雷蒙·威廉斯（1958）在《文化与社会》的最后一部分，将自己的判断放在这个讨论的背景中得出了自己的结论，他直率地——我认为也很正确地——指出，利维斯赢得了那场讨论，而且赢得漂亮。我们当要记得，那时主流的马克思主义文学批评，其主要成果是极其糟糕和简单化的！那时的马克思主义批评还没有受到我们现在所称的西方马克思主义传统的影响，他们还没有阅读马克思早期的作品；还没有听说过卢卡奇、本雅明、法兰克福学派以及葛兰西。那时的"马克思主义"是把基础—上层建筑（base-superstructure）的模式直接机械地用在文学和文化艺术品生产的分析上。它还未受到后期对还原论和文化反映论的批评。（考德维尔则不同，因为按照马克思主义的标准,他拥有丰富以及非常不落俗套的想象力。为了发展一种文学和文化理论,他借用了广泛的资源。因此,他被共产党自己认为是极其聪明并且爱空想的孩子。)

在此背景下,威廉斯指出,任何有着开放心态的人——这里他指他自己,像我们一样——任何深受文学批评传统影响、对语言和象征形式十分关注的人,即使他们理解它的社会基础并且排斥教育中本质的精英主义,也不会满足于那些简单地、把一种原始的机器应用在每一个文本上的理论实践,因为这种实践不能描述文本的复杂性。威廉斯认为,在重构作品的复杂性上,马克思主义的批评应该做得比利维斯好,而不是不如他,因为理解发达的象征形式需要一种认识,这种认识承认作品的复杂性,且能增加对社会和经济基础结构间的关系的理解。我认为这一点很重要,也很正确。

当然,当我们谈论文化研究和马克思主义时,我们谈论的是战后而不是战前的马克思主义,因此,这与冷战有关。1950年代,谈论马克思主义理论或马克思主义批评(其实从30年代就开始了),并不仅仅是谈论那么简单;对知识分子来说,他们事实上是在做一件危险的事。因此,如果你发现威廉斯早期作品中的一些地方——比如在《文化与社会》(1958)和《漫长的革命》(1961)中——有点语义含混,其中部分原因是他不得不使用一些替代马克思主义术语的表达,以便能够谈论马克思主义的观点。比如,以上两本书中,威廉斯都未使用"生产方式"(mode of production)的表达。他谈到了经济生活的体系，经济组织的体系，等等。当我暗示说这些是隐晦的编码，实际上表达的正是马克思主义的概念，我并不是想暗示说威廉斯在逃避审查。他已经承认并接受了把马克思主义批评方法用在文化领域的不足。在冷战的背景中，针对马克思主义观念的指控深刻又强大，加上其理论自身的弱点，任何想要有所突破的人都必须从别处寻求其他的术语，不引发敌意的术语，因为这些敌意会阻碍人们正确看待证据，阻碍人们受到分析的启迪。威廉斯对马克思术语的拒绝包含着两个层面的意思：他需要比传统观念更丰富的概念，同时他也需要跟人——那些不情愿也不能够运用马克思主义的术语思考问题的人——进行知性上的交流。

文化研究形成的初期，在马克思主义传统和文化研究中可以获得的其他传统之间存在着复杂的关系。我已经谈到文化研究形成初期与新左派的兴起之间的重合之处。早期的新左派的确是作为一个政治运动在1956年兴起的，参与其中的好多人都加入了关于马克思主义在特定情况下缺乏有效性的讨论。尽管这场讨论使用的是马克思主义的语言和概念，新左派的人们还是与斯大林式的立场拉开了距离，因为其导致了1956年对匈牙利的入侵，彼时正是新左派形成的初期。因此，在文化研究初期存在着一种替代性的马克思主义，其发展并不完善，也没有受到现在我们普遍引用的主要思想家的启发，这些人从1920年代开始写作，为马克思主义文化力量的丰富做出了很大贡献。在没有理论支持的情况下，它试图与那种特别机械的马克思主义抗衡，以便能够处理和解释这些并非仅仅存在于文化领域的复杂问题。1950年代的人们试图理解阶级关系的运作，阶级关系的确在五六十年代经历了剧烈的变化。资本主义也的确并未消失，阶级构成并未消失，也没有被融合。问题在于如何分析阶级的构成，如何分析阶级关系的真正特征，如何持守阶级分析的大框架，同时又不为其所束缚。新左派当时很多方案旨在从零出发开发新的分析语言，但这些仍然位于马克思基本立场的框架或参数范围之内。

新左派发现，当时可用的马克思主义理论并不充分，我们或许有必要快速转向这种拒绝背后的原因。从根本上来说，那个时期的马克思主义主要采取基础——上层建筑的分析方法，把政治和意识形态都视为上层建筑的构成，其维度完全由资本主义生产方式的关系所给定、决定。这种立场显然很少关注到上层建筑自身的有效性。彼时对这个问题的思考需要一种对马克思的阐释，可以通过人们对马克思和恩格斯信件引用的次数来判断其与马克思主义的关系，因为在他们的通信中，恩格斯承认，为了克服黑格尔唯心主义的遗产，他们过分强调了经济的作用。恩格斯挑战了认为可以把同一个模式和规律运用在所有的情境中的观点，这种观点对每一个情境都用生产方式来解释，仿佛那是一台小型绞肉机。他明确承认上层建筑对基础的作用，因此历史比单纯的机械马克思主义阐释所解释的更加复杂。也就是说，人们发现，经典马克思主义内部存在着可以对抗根植在英语传统中的传统马克思主义模式的不足的资源。不过,最初与经典马克思主义的争论仍然缺乏理论的深度。几年以后,《经济学哲学手稿》(Marx, 1961)才被从法语翻译成英文,围绕着那些文本形成了一些阅读小组。在此之前,我们没有听过那种黑格尔式马克思主义,一种广泛关注了意识因素的马克思主义,考虑到了人的需求等等。它在马克思主义理论内部打开了重要的空间,使得新左派可以在其中操作,而不必受到基础—上层建筑机械观念的束缚。

事实上,文化研究从来不觉得存在重新吸收上层建筑——一个简单的基础决定上层建筑的模式——的经典马克思主义立场的可能性。早些时候,雷蒙·威廉斯和爱德华·汤普森都曾以各自不同的方式,对基础—上层建筑模式的简单化进行批评。他们俩都不曾使用这个模式,而是更青睐黑格尔的存在和意识之间的对立模式。甚至连威廉斯和汤普森都反对的阿尔都塞式的结构主义马克思主义者,也对基础—上层建筑之间的关系问题进行了深刻的批评,消解了这个模式的中心地位。但我们必须清楚,在这场批评中,到底是什么在遭到拒绝。毕竟,由于他们都想继续在马克思主义的框架中对文化进行分析,他们必须注意到马克思理论中的唯物主义前提。马克思主义是历史主义的、结构主义的、唯物主义的,它反对文学批评及其他文化传统中关于文化的唯心主义理论。因此,马克思主义版本的文化研究的独特之处在于,它找到了一种把对文化生产、象征领域的思考与其物质基础联系起来的方式。但这不正是基础—上层建筑论题所想要激发的吗?对此我们只能含糊作答：是，也不是！它是要激发这种联系，特别是早期的版本中，它采用、吸收了一种决定主义的观念，这种观念在此前的文化研究中从来不曾被接受，这种观念基本上认为作用力的方向、影响、结构都是单向的：从基础到上层建筑。照此观点，决定主义意味着经济关系（或者生产方式之间的关系；这两者并不相同）不仅确立或建立上层建筑操作的规则和界限，它实际上也有助于决定上层建筑模式和关系的细节、内容、机制和有效性。也就是说，它是一个**强力的**决定主义立场。然而，生产方式分析和文化上层建筑分析之间的关系并不轻易就支持决定主义的单向决定模式，同样它也不支持那种认为经济是文化的内容的观点。正是在这个问题上，在对把基础—上层建筑模式视为一种强力的决定主义理论的缺陷的批评上，文化研究与马克思主义理论建立了联系。这种联系的第一个成果体现在雷蒙·威廉斯（1961）的《漫长的革命》中，我们下一讲会讲。

这就是文化研究兴起之初，马克思主义和文化研究的状况。由此我们不难理解，为什么在当代文化研究中心成立之初，它主要的启迪和方法论都是文学批评的方法。马克思主义的问题被给予了生机，但主要还是在边缘的位置。事实上，直到1969年霍加特离开当代文化研究中心（进入联合国教科文组织）以后，马克思主义才成为文化研究发展过程中的主要参考点和资源所在。

第二讲

文化主义

雷蒙·威廉斯（Raymond Williams）的著作在文化研究领域举足轻重，对文化研究的发展起到了重要的形塑作用，尽管他提出的一些概念存在不足，对某些观点的态度缺乏深思熟虑，自己开创的多条研究路径也未躬身实践——否则就能进一步深化这一领域的研究，但我们应该秉承批判精神认可他的研究的可贵之处，并非因为它揭示了真理，而是因为它是一套严肃的知识架构，就算我们不能认同其整体框架，他仍然为我们提供了许多有用的概念。

雷蒙·威廉斯是一位非常"英国范儿"的人物，与众多来自外省的边缘知识分子一样——他来自威尔士——他们凭借自身的坚毅、勤奋、机遇和运气取得了成功。战争和战后的变化帮助很多人进入了智识生活，在英格兰他们通常被称为"奖学金男孩"。威廉斯出生于一个普通工人家庭，在威尔士的边界地带长大。他的父亲是一位铁道信号员，他的家族都是劳工出身，有着深厚的支持劳工权益的工会传统。他是村子里的奇才，第一个离家读书，第一个上大学，第一个在英格兰接受高等教育。这也给他的生活造成了文化上的巨大断裂，事实上，这一断裂也发生在与他同时代的很多文化理论家身上

（包括理查德·霍加特，E. P. 汤普森则不在其列）。因此，威廉斯是英国历史上一个特别时刻的重要形成期的产物。他是在战前成长的，那时他是年轻聪慧的社会主义者。他考上了剑桥大学，英国高等教育的最高学府，正是在那里，统治阶级（如果存在统治阶级的话）被制造出来。对于威廉斯来说，考上剑桥至少意味着进入了经济、政治和文化的最高圣坛。离开剑桥后，他参加了战争。

从威尔士边境小镇，或像霍加特那样从北方工业小城（利兹）的工人阶级社区，来到牛津、剑桥这样的地方，一定会经历一种主体的断裂。体验两种不同文化的反差以及二者必然的相互碰撞无异于经历了一次移民——从一个阶层来到另一个阶层，从一个城镇来到另一个城镇，从乡村来到城市，从边缘来到中心。那些文化形式和模式塑造了你，但它们却至少在知识层面将被你彻底抛到身后，而那时你才清晰地感受到它们的存在。我说"至少在知识层面"是因为你很可能，至少象征性地，会在情感上希望回归。威廉斯写过几部毫不遮掩的自传小说，其中描写了他回归家乡威尔士和那里的家庭的努力。从剑桥大学系主任的职位上退休后，他搬到了一个威尔士边境的乡村居住。但这种空间地理上的回归并不能抹去当初从威尔士边境到达剑桥的经历。那段经历只能被怀想、被反思。他无法与自己的阶级出身重新建立自然的联系，只能凭借跨越阶层边界的经历，在一定程度上去重建这种联系。这正是他的文化理论的来源和想要解决的问题。

初到剑桥，威廉斯发现，根本没有人了解与他有着深刻和严肃的联系并且塑造了他的文化。剑桥根本不知道有这样的文化存在，即便知道，他们也无法谈论，因为根本不存在谈论那一切的语言。这怎么可能呢？因为剑桥执着于书本上所记载的关于文化的概念，而还没有一本书记述了威尔士的山谷。那里只有口口相传的文化，有传统文化，有政治文化，但他们并未按照英语文化正典的文化概念记载他们的文化。那段个人经历不但塑造了威廉斯的研究兴趣，同时也影响了他构建问题以及提供答案的方式。在这一代文化理论家那里，还存在着第二种模式，帮助他们建构起了理论：战后，汤普森、霍加特和威廉斯并没有担任传统的大学教职，而是担任校外成人教育的教学职位，接触的是工人阶层和非学术人员，这些学生并非一心为了学位而读书。如此一来，作为社区教育者，他们更深刻地感受到战后英国社会生活的变迁。在讲授课程——历史或文学——的同时，他们也感受着这些格外强烈、复杂的社会变化，而学生也有同样的体验，他们的生活背景与老师当初离开故乡之前相同。

威廉斯的主要著作是《文化与社会：1780—1950》（*Culture*

and Society: 1780-1950）（1958）和《漫长的革命》（The Long Revolution）（1961）。威廉斯的文学研究范围很广阔，包括戏剧、悲剧、小说、小说家等——但对文化研究来说，他最重要的文本主要集中在《乡村与城市》（The Country and the City）（Williams, 1973b）这本书中，其关注城市和田园牧歌传统，以及文学形式与类型的社会和历史基础。毫无疑问，这是威廉斯最重要的文学代表作——相对于他的文化和理论著作而言。近年来，《马克思主义和文学》（Marxism and Literature）（Williams, 1977）也值得关注，可以说这是他最具自我意识，并与其他作品互为对话的一部理论著作；还有《政治与书信》（Politic and Letters）（1979），这本书是他与《新左派评论》编辑的长篇谈话录，书中他对自己的理论做了重要的评论和反思。人们会惊讶地发现，他是一个极其坦诚的人，愿意接受别人对他的指责，会坦然承认自己所犯的错误。在这部作品中，你会看到一位理论家不断地思考自己所构想的理论，并不断将其打磨、完善，并加以证明。

《文化与社会》重新思考了18世纪到20世纪初的文学传统，既包含自由派——包括威廉·柯伯特、约翰·斯图尔特·密尔、浪漫主义学派、查尔斯·狄更斯、社会现实主义学派、乔治·艾略特、约翰·拉斯金、威廉·莫里斯、乔治·伯纳德·肖和乔治·奥威尔，也有保守派——包括埃德蒙德·伯克、马修·阿诺德、瓦特·佩特、T. S. 艾略特、F. R. 利维斯。通过在社会和文化的语境下重读这些传统，这本书追溯了威廉斯与利维斯的联系，以及为何随后又与塑造了他的利维斯传统分道扬镳。这是利维斯的传统，但威廉斯在更广泛的文化语境下对其进行了重读，而不是仅仅以文学的方式。

通过考察不同种类的文学作品——我们很容易把它们当作独立于历史语境之外的文学试金石——威廉斯提出了一系列的问题：这些作品书写了什么？这些作品如何被组织起来？它们要解决什么问题？这些人物所争论的社会经验是什么？他的回答是，作家们关切的是自己正在经历的深刻历史变化，并力图寻找合适的词语来书写，而后来，我们将这些变化概括为"工业革命"。事实上，威廉斯所建构的传统覆盖了整个工业资本主义的发展过程，因此，从这些作品中，威廉斯得出一个合理的结论：它们力图描绘的是工业资本主义发展过程中的社会和文化变迁。此外，威廉斯认为，这些作品由几个关键词串联了起来：工业、阶级、民主、艺术和文化。针对这一传统以及围绕这几个关键词所发生的变化，威廉斯提出了两个问题：一，人们如何理解、体验和定义工业资本主义的发展？二，面对工业资本主义发展造成的各种社会斗争，那些坚守"文化与社会"传统的人的主要立场是什么？对于威廉斯而言，这些问题都属于文化范畴，由人们理解、经历、定义和评价历史的方式所构成。

"艺术"被威廉斯用作关键词之一来解读传统并非偶然。或许是由于威廉斯自己被文学批评和文学史的研究所塑造，在他看来，艺术和审美总是占据首位的。但他能够在某种程度上挣脱出自己的专业训练,能够认识到要理解文化问题,就要将文学和艺术作品放置于社会和文化范畴内进行思考,而并非像利维斯及其追随者们所提倡的那样,放置在审美和道德的范畴内思考。即使在他试图逃离传统之时,他仍然还是传统的一部分:他总是从文学作品作为文化表达这一角度架构自己的问题式,并为我们提供了理解以及不断深入认识工业资本主义的术语。威廉斯职业生涯中存在一个持续的焦点,即我们如何在历史、文化、经济和政治语境中去理解文学。他始终关注着这个焦点,我惊诧地发现,直到如今,他对文学文本的重视仍然与写作《文化与社会》时一样。

《文化与社会》确立了威廉斯早期的一些文化概念。他认为,这种文化与社会的传统之所以被区分出来,是由于它与当时的主流文化传统之间既有距离,又保持着重要的联系。尤其是,尽管形态多样,这个传统站在意识形态的对立面,这些意识形态——政治经济学、功利主义、占有式个人主义——乃是为工业资本主义的增长提供合理性。政治经济学仅仅是阐明了市场社会的法则。功利主义,尤其是边沁主义的功利主义,是一种计算伦理,人们以此判断好坏,就像他们是否决定要按照商品价格购买一件商品。功利主义以市场交换的形式对道德进行组织。占有式个人主义提出了为资本主义辩护的人性概念,它不仅将资本主义当作一种经济系统,而且将资本主义与内在的人类特性和能力对应起来。功利主义将内部竞争和占有定义为"男人"(Man)的固有属性(女性被排除在外，因为它认为世界是男人建造的）。因此，社会主义、集体主义以及各种有机保守主义等所有与之相悖的意识形态，都注定失败，并非仅仅因为它们不够现代、不够理性，也是因为它们不是建立在人的本性基础上。（这种观点至今也没有消失！）

《文化与社会》自始至终并未定义什么是主流传统，但威廉斯却将文化和社会传统视为意识形态的替代。由于《文化与社会》始于替代传统，当人们把经济理解为政治经济学，把道德理解为功利主义，把政治进程理解为占有式个人主义成为主流，它对这一过程所要付出的文化和社会成本无法给出任何解释。不论是特定的意识形态，还是它们的统治地位，都不可能无中生有，不可能不经过斗争而获得。必须打破旧的经济和社会形式，政治经济中的生产关系和实践才能成为农业和工业资本主义的主要生产方式。缺少主流传统的映衬，《文化与社会》读起来犹如一出缺少了反面角色的戏剧，文化和社会传统自然形成，独立展现。这意味着从一开始，威廉斯和汤普森之间就存在区别，后者问自己：斗争在哪里？对手是谁？斗争在哪里发生？或者使用莫里斯的意象——汤普森经常引用莫里斯——烈焰河流（river of fire）在哪里？那毅然决然地翻到"另一边"，将资本主义之心怀善意和人道精神的资产阶级批评家（如卡莱尔或拉斯金）与资本主义的社会主义对手彻底区分开来的烈焰河流在哪里？

《文化与社会》之所以遭到评论界围攻，正因为它在力图建构一种可行的、对抗的文化概念时，却忽视了支配和斗争这些概念。《文化与社会》对资本主义理性之规则进行了有力批判，但对于可对这些规则展开进攻的不同立场，它也展现出令人可敬的欣赏和支持。因此，威廉斯能够同时利用左翼和右翼对工业资本主义的批评，包含柯勒律治、伯克和利维斯等作家的保守立场，以及潘恩、柯贝特和莫里斯等人提出的更激进的进步批评。事实上，与其说他感兴趣的是这些人的政治立场，不如说是对他们对资本主义所做出批评的本质感兴趣。但是，由于《文化与社会》中缺乏被文化和意识形态支配的概念，作者未能充分将斗争和抵抗的观点概念化。从一定意义上说，该书的焦点崩溃在了中心，考虑到这一点，它的这个不足之处就更显而易见。为了对抗工业资本主义重塑和重建工业和社会世界的动力，它提供了一个自由的模式来替代传统的模式；最终它未能构建并激发针对那个传统的实质性的、广泛的抵抗。威廉斯发现，无法摆脱伟大作家的传统。他只能指望更深层的民主传统，但却永远无法将其强调出来，原因很简单，因为它没有文字书写，也无法在诸多伟大作品中被找到。由于采用了文学的视角，他很关注文学界的争论：右派与左派之间的争论。诚然，他超越了这一范畴，关注到人数众多的沉默群体，这个群体没有优雅的谈吐，也不会写妙笔生花的文字，但他能做的也只是说明这样一个事实：当大多数人对他们出言不逊时，潘恩（Paine）、柯伯特（Cobbett）、密尔（Mill）以及狄更斯（Dickens）等会时时替他们发声。当然，这些作家的发声与这个群体的语气并不一样,同时,他们发声的效果和程度也不能跟那些有亲身经历的人相比。因此,在重塑文化研究的形成框架时,要记得,在威廉斯书写《文化与社会》的同时,汤普森(1963)也在书写《英国工人阶级的形成》(*The Making of the English Working Class*)。只有将把两本书放在一起进行阅读,才能理解这个问题所显现的形式。《英国工人阶级的形成》所书写的流行文化,正是威廉斯在文学正典中无法找到的。书中包含汤普森在录音带、法庭案宗、宣传手册、报纸中找到的声音——一个更激进、更复杂的文化的、非文学化的历史。这种结构成因复杂,有着自己的社会、文化、政治和宗教传统,只阅读由选择性很强的文学传统所生产的文本的读者是接触不到的。

因此,尽管威廉斯展示了如何从历史和文化的角度重新解读现有的文学正典,他未能对该标准背后的选择性进行反思,也未考虑到文学创作环境的决定性影响,未能顾及那些被传统文化所排斥的声音和语言。统治性和传统的文化正是通过对个别的声音进行选择和组织,才能将其他的声音排除在外。我并不认为这是有意为之,因为传统本来就是如此。如果不挑选出一些,排除另一些,传统何以成为传统呢?因此,在认同传统的重要性的同时,我们要清楚文字记载的局限性。这种挑选性的文学传统所建构出的文化和文化证据,既无法提供主流的意识形态传统,或与之完全不同的主张或反抗,也无法恢复批评和对抗的大众与民主传统。具有讽刺意味的是,《文化与社会》是威廉斯第一本也是最后一本关于文化与社会传统的著作。此书一出，即提出了这一传统（在此之前，未曾有人将之视为传统），宣布了它的存在，成为它的最后一个例证，随后就将其埋葬。在《文化与社会》中，威廉斯将自己视作站在那个传统结尾处的人，是它的继承者，是最后一个用那种文学实践和感知力去看待历史和文化的人。

之后，威廉斯又出版了《漫长的革命》，尽管它是《文化与社会》的续篇，但这两本书截然不同。在《漫长的革命》的第一部分，威廉斯力图通过整合不同的观点和影响力来建立一个初步的文化理论。我将挑选一部分他的概念加以讨论，这样做并非仅仅为了阐释他的立场，而是着眼于这些概念对整个文化理论的贡献，以及它们在观照与其他立场和传统关系的基础上定位文化研究的能力。

首先，我将考察威廉斯在文化、共同体和交流之间所建立的密切关联。威廉斯定义文化的方式与人们理解和定义社会历史经验的方式非常接近。（文化）共同体的基础在于那些历史经验定义的共享性。人们之所以认同于某些共同体，是因为他们的经历为这个共同体里的成员所共享，而且他们也互相认同对这些经历的理解和定义。他们如何共享呢？通过成员之间的互动交流。于是，不同的交流途径——最广义上的语言和媒介，并不局限于狭义上的信息传播（威廉斯对此并无兴趣）——提供了多种方式，让共同体、文化或社会内部的人能够交流和提升共享的意义，由此他们为自己的经历给出一个集体性的、社会化的定义。

对威廉斯来说，文化与人们的生活和经历密不可分，这是他书中的第二要点。对威廉斯来说，文化研究的目的就是探寻一个社会群体独特的而且往往不同寻常的经历，进而重塑和理解这一经历是由什么构成的。文化研究试图寻找的是共同体赖以生活的一些经历的共同形式，以及他们对这些经历的共同定义。因此，文化研究既不是对一个群体生活的客观描述，也不是对一个群体理念的分析和总结。文化是二者的互动，文化研究探索的是人必须经历的生活，这种生活由人所出生的环境决定，围绕这一环境，存在着一些理解框架，这些框架又赋予这些环境以意义，并使其成为可体验的。实践并非仅仅是个体被放置于某一物理的、经济的或物质的空间生活的结果，而是他根据对周围环境的理解和体验进行社会性生活的努力。这些体验方式已经渗入人们的生活方式中，渗入了人们的实践里。实践总是离不开文化的熏陶，是文化熏陶的结果，而被灌输了不同的阐释。这就是文化：被体验、被阐释、被定义的经验。这就是威廉斯所指的经验。请注意威廉斯的语言在这里有多么令人困惑，因为他谈到了人们被客观地置于某些条件下所拥有的经验，以及人们如何理解和定义这些经验。这样一来，人的经验因国家而异，因时代而异。最后，他讲述了一个社会如何拥有与众不同的生活方式，而这个方式又被赋予了独特的文化解读。在这一点上，容易将威廉斯与汤普森混淆，因为汤普森也是如此，他把经验称作"经验1"

和"经验2"。就像马克思不幸说过的那样,无论你喜欢与否,都要经历自己的生存环境。这是宿命:出生时间、出生地点、阶级出身等等。但**如何**在注定的环境中生活却因人而异,正是从这些方面威廉斯和汤普森确定了文化的内涵。

在《漫长的革命》的第一部分中,威廉斯考虑了几种对文化的定义,甚至表示赞成并格外强调其中一种定义,他正确地将其描述为一种人类学的定义:文化是全部的生活方式。在某种意义上,威廉斯希望以"全部的生活方式"的文化定义去对抗那种"所思所言之精华"的文化观。在文化理论中,前者是精英传统的民主版。整体就是某种独一无二的东西,它是组合不同的共识性定义的特定模式或构型。我们之所以能够辨识出一种文化的独有之处,正是因为它构成了这个社会的全部生活方式。因此,若想探求共同理念、共同理想和相同的交流方式,文化分析就必须努力去辨认文化模式。当然,真正的挑战是发现那些重要的模式,那些能够帮助我们理解群体之内交流何以发生的重要的模式。必须要确定**重要的**模式,因为这些模式与实践组织中的重要理念密切相关。因此,尽管每个社会的实践大同小异,它们的组织方式却千差万别。例如,每个社会都有经济生产的形式,但生产实践组织的结构却不相同。这有助于我们理解,比如说,工业资本主义和农业资本主义相比较时,有何独特之处。

威廉斯的另一个理念更具影响力,但也更具争议:他认为在一个社会框架内,没有高于其他实践的实践,也没有哪个实践能塑造出那个鲜活的共享文化。威廉斯坚持认为，人与人之间的实践活动是发生在彼此相互决定的基础上。此外，如果脱离整套的社会关系，对实践的观察、定义和提炼都无从谈起。这意味如果先确定生产力和生产关系，再去确定文化，这样的文化分析路径是行不通的，因为经济生活是在文化中组织起来的，脱离了文化形式，根本无法描述经济生活。文化渗透在经济生活中，就如同经济生活影响着文化的形成与传播。因此，我们要考虑到二者之间的相互渗透以及实践活动之间的相互决定关系，而不是挑选出一种实践活动，使之凌驾于其他实践活动之上。这显然是在以简单的形式向传统的基础—上层建筑模式发起挑战。

那么，文化分析该如何进行？威廉斯认为，文化分析就是要确定某些独特的、隐含的模式或组织形式，这些形式通过完全不同的实践活动得以表达。他认为，在英国的工业资本主义组织形式下，你可以找到某种独特的东西——一种结构——虽然这种结构并不能立刻跃然于表面，但却作为一种生活方式的结构存在于家庭生活里，存在于小说写作里，存在于经济关系的运作中。也就是说，尽管他自己没有意识到，威廉斯骨子里是个结构主义者（尽管此后在思考吕西安·戈德曼的著作时他承认了这一点）。在纷繁的社会实践之下隐含着一个结构，一个文化矩阵，它们通过不同的实践活动得以表达。因此文化分析不仅要去辨认隐藏的模式，还要去发现人们在从事不同领域的活动时，这些模式之间的相似之处。也就是说，作为文化分析对象的模式不仅仅存在于人们的行为方式中，也存在于构成了社会形态的根本社会关系之中。文化分析者要确定哪些核心理念、关键词和重要定义构成了文化的凝聚力。但这个矩阵也有可能反映在另外不同的实践活动中，那么文化分析就是要找寻不同模式之间的相似之处，找到同源性。例如，我们发现，在密尔的哲学思想、乔治·艾略特的小说及各种市场关系中，都存在着某种个人主义；我们发现某种经济个人主义是所有不同的实践和制度的核心，正是由于它在不同的实践与制度中均有体现，因此我们可以判断，这是一个关键的构型。当然，断裂也时常存在，非同源的事物比比皆是，"毫无关联"的领域也司空见惯。这些恰好意味着社会形态中出现了新的价值观构型、意义模式和理解，它们正在不断显露、产生并开始发挥作用。于是，人们在这一领域的行为就偏离了其背后蕴含的结构；其模式与同一社会形态中的其他实践的模式也不再同质。

不难发现，这种文化理论很少回应或考虑马克思主义传统的理论和政治立场。在《漫长的革命》的第二部分，威廉斯阐述了对阶级问题的看法。他认为，阶级是关键性的术语之一，工业资本主义中新阶层的形成是人们试图理解的历史经验的重要部分。他首先谈到了各阶层的特定文化价值观和意义特征，认为存在一种贵族文化，它拥有一套自己的理念，比如，关于贫穷和穷人，这套理念与新兴的资本主义文化截然不同。因此，十九世纪的英格兰在解决如何统治穷人的问题上遇到了阻力，这种阻力不单单来自于穷人和工人阶级，还来自于统治阶级内部，来自于贵族和资产阶级派别之间。由于自身的历史背景，贵族阶层仍然抱着对穷人的家长式责任不放，贵族文化在完全不同的关系模式基础上，更依赖面对面的交往与亲密关系——即使在严重不对等的阶层之间也是如此。因此，它不可能像资产阶级制订《济贫法》(Poor Laws)那样，将责任抽象化、去人格化。政治经济学家——也就是资产阶级政治经济学家——除了让贫穷切实合理以外，其他一概不谈；他们拒绝接受统治阶级对工人阶级负有义务的观点，哪怕只是人际之间的义务。《济贫法》的出台是为了让人们回到劳务市场，它不考虑某个工人曾长期生活在你的领地，不考虑你对这个工人的感情，以及你认识他家人的事实。如果这个人四肢健全，就应该去工作。如果他不能工作，我们就该知道他身在何处，近况如何，何时能重新加入劳务大军。在威廉斯看来，阶层文化的差异也就是资本主义与前资本主义之间的差异。

但是威廉斯文化分析的真正目的，并非是为了确立不同阶层的文化，或者不同阶层的价值观结构。他想提出一个更加有力的问题：在不同阶层之间彼此互动的整体社会形态中，到底发生了什么？他关注整个社会之下所蕴含的模式——主流的价值观体系，而并非仅仅是这一体系影响所造成的阶层差异。继续以上文的例子来说，他力图厘清当贵族对待贫穷的观点与资产阶级（政治经济学的观点）的观点相交甚至相悖时，究竟发生了什么。这同时也牵涉到在资本主义经济下滑时期，一无所有阶层与养家糊口阶层之间的深刻矛盾。那么，阶级之间的社会对话会产生什么结果？在对待贫困者的问题上，这种对话方式"非常英式"，它既反映出封建贵族的观点，也包含对工人阶级的妥协，同时在一定程度上体现了资产阶级政治经济学的观点。如此不同的阶级文化之间会碰撞出什么结果？它有点像福利国家，为贫困者提供的福利皆是暂时的：属于他们，但并非名正言顺，因而会被随时收回。它在很大程度上依赖志愿服务的民间慈善机构。威廉斯的观点是正确的，英国的福利社会将条款"打包"分派，是一个格外具有英国特色的体系。

在不同的社会群体或阶层的交往过程中，产生了一种独特的文化：这正是威廉斯所分析的对象，他称之为"情感结构"，它是对人们如何生活的描述，甚至是再创造，与如何针对某个社会问题进行思考并采取行动有关。对于身处社会里的人来说，这是自然而然的事，因为他们有着共同的历史经历，正是在经历这些历史的过程中，形成了关于家庭、文化、男性气概、经济等一整套理念。不同的社会实践所反映和表达的正是这些情感结构。

这样一来，在理论架构和方法论上，对特定历史阶段的文化分析与经济历史学家、社会学家和文学批评家的实践就有所不同，但又与他们全部相关，他们必须对其有一定的吸收，因为要理解不同社会实践之间的关系，就必须对经济学、社会历史、文学等有所了解。这是文化研究的真正问题所在：它似乎认定自己了解一切事物，并以此确定自身。就连威廉斯的支持者们也认为，文化分析的这种总体化做法存在问题。比如，汤普森质疑：在威廉斯的体系中，历史何在？他认为，威廉斯所做的实则是历史学家的一项工程，他竭力清空了历史学家的工程，进而将文化研究加冕为科学女王。于是，能够将其他学科中更本土、更区域化的东西整合在一起的是文化研究，而非哲学。每个学科都只了解特定的领域，文化研究却包涵一切。显然，《漫长的革命》并非完全没有这个问题。

关于《漫长的革命》，我想指出的最后一个概念是总体性。事实上，威廉斯将"总体性"概念化的方式是整个文化研究的特色，霍加特和汤普森也是如此。构建"总体性"这个概念的目的是为了阐释威廉斯一开始所提出的问题：如何理解狭义的文化实践与其余的社会构成之间的关系。"整体"是如何被理解的？威廉斯给出的答案隐约指向了传统马克思主义的观点，例如，马克思在《政治经济学批判序言》的"导言"中的观点：

> 在人的存在的社会生产过程中，他们必然进入一定的生产关系，这些生产关系独立于他们的意志，比如在物质力量发展的某个过程中的生产关系。生产关系的总和构成了社会的真正基础——经济结构，在此基础上形成了法律和政治的上层建筑，并与一定形式的社会意识形态相对应。(Marx, 1970, p. 20)

此处马克思强调的是生产方式形成的重要性（生产力和生产关系），因为它是真正的基础，在这个基础上，法律和政治上层建筑得以建立，所有的社会意识都是对生产方式的反映。在那篇文章里，马克思不仅展示了社会形成的不同层次，而且定义了不同层次之间的决定性关系。威廉斯并未直接反驳这一观点——出于前一讲中谈过的原因，相反，他提供了一个关于总体性的论述，认同马克思主义的诸多观点。威廉斯的观点是对工业资本主义剥削本质，阶级形成和阶级斗争的本质，以及阶级统治的现实的回应。但威廉斯希望赋予文化更大的决定性和影响力。事实上，正如我在谈论两种不同经验时所说，他希望把文化融入马克思主义者所说的"物质文化实践"中，然后断言在那些物质社会实践之外，别无他物，正是它组成了社会的建构。因此，他的观点否定了经济的首要决定作用。他认为并不存在隐含在基础—上层建筑模式中的反映论所暗示的那种简单对应。我们需要考虑的是彼此决定的不同层面之间的相互渗透。

实践的总体性的中心不是经济决定论，而是人的精力、人的实践，以及人的物质活动：他们对自己生活的建构、繁衍活动、社会组织和政府的形式、家庭和社会关系的形式等等。换句话说，威廉斯的"总体性"概念的核心是在哲学人类学意义上的人的概念。这是马克思在《1844年政治经济学手稿》（1961）中的人的概念，一个黑格尔式的概念：人是普罗米修斯，是创世者，离开社会活动人就不存在。人之所以为**人**，不仅因为他是现有的一个物种类别，还因为他同时反映出劳动的性别分工。虽然在马克思和威廉斯的作品中都未明确论述，但我们默认重塑世界的人是按照性别分类的。人是生产者，是积极参与者——是人类活动而不是经济活动的参与者——这一点具有决定意义，是核心所在。说到底，社会建构就是各种各样特定的人类活动形式。在此基础上，在某些社会条件下，男人（和女人）积极地生产出某种家庭形式，以某种方式组织经济活动，等等。

阿尔都塞正确地将这一哲学观点定义为人本主义的问题式，这个人本主义不是道德或政治（例如自由主义）层面上的人文主义，而是哲学层面上的人本主义：在这一观点的中心，人与人没有差别，生活在由人的文化、社会、经济等实践组成的历史构架里。这是文化理论中的一个普遍观点，这个观点并不是英国传统所独有的。它也不是威廉斯晚期的观点，我要加上这一点，尽管它与其很接近。

我一直在描述的"文化主义"并不是完全同质的；在大致赞同这个观点的作者之间还是存在着重要的差异。《漫长的革命》出版后不久，汤普森（1961）在《新左派评论》[①]上发表了重要评论，这个评论由两部分组成。针对此书，他提出了几点重要批评，这些观点最终对威廉斯的理论发展产

[①] 我要对编制这期缺少了重要页码的期刊负责。这期中间缺了一页，那一页正是汤普森的第12期应该发表的那一页。这个排版错误恐怕要陪伴我一生。这也是为什么汤普森对《漫长的革命》的书评从未再版的原因所在。——作者原注

生了影响。首先，他指出威廉斯的文化概念过于注重有机性（organic），也过于注重进化演变（evolutionary），缺少对文化领域内的争论的意识。按照威廉斯的理论，不同阶层之间似乎都能彬彬有礼地相互对话，比如在如何解决穷人的问题上。汤普森认为，这与《济贫法》的历史不相符。一个更加充分的文化概念讨论的应该是"全部的斗争方式"（见汤普森对《漫长的革命》的评论，第一部分，第33页），而不是全部的生活方式。在特定的社会形态中，文化应该能辨识出不同群体和阶层之间的争论，每一方都拥有自己鲜明的文化价值观，作用于完全不同的文化矩阵。最终的结果是由彼此之间力量悬殊的斗争所决定，而不是礼貌的对话式妥协所决定。

因此，汤普森认为并不存在统一的斗争——漫长的革命——这个在威廉斯的著作中如此有力的形象。那么，究竟为什么漫长的革命要如此漫长？为什么没有短暂的突发事件，或者说，在"漫长的革命"中，为何没有破坏行为的持续爆发？因为这个过程被威廉斯认为是非常温和并且人性化的，从根本上来说，社会和社会进程被想象为良善的。没错，工人遍布各个行业，但他们已经被纳入一个令他们感觉还不错的情感结构里。尽管我们在通往民主化的道路上可能需要两百年，但由于我们的情感结构会进一步改进，最终我们的文明程度也将大大提升。每个人都已经，并且将继续对文化模式产生影响。

汤普森指出，不能以这样的方式去定义文化，不能把它看成只是一个简单的概念,因为如果按照那个推理走到底,就会得出 T. S. 艾略特(1949)在《对文化定义的注释》(*Notes towards the Definition of Culture*)中的观点:我们都属于同一种文化。是的,差别是存在的——我们富有,你们贫穷;我们吃的是煎牛排,你们吃的是牛肉派;我们的生活中有艺术、文学和牛津划船比赛,而你们的生活里是电视和世界杯决赛。但这实际上都是一个文化,一种生活方式,在这个文化之内人们可以彼此交谈,甚至相互喜欢,**只要他们安分守己。**如果把威廉斯的观点继续推进,就会落入保守主义。要避免这种情况,我们就要看到裂缝——这是汤普森马克思主义的特色——在文化内部划出一条火线,这样就能把文化视为相竞争的文化之间的不断的斗争,而不是生活方式的演变。因此,汤普森重新定义了文化演变的过程,将其放置于争论和斗争的维度,而不是去遵循"修改、适应和协商"这一模式。

汤普森对威廉斯提出的第二点批判也是很典型的,主要是关于文化研究中历史的位置和地位。我之前已经对这个问题的正确性表示了肯定,但我们也应该意识到它的局限性。原因在于,如果汤普森说得对,威廉斯过于推崇文化研究,那么汤普森对历史的强调同样存在着过犹不及的嫌疑。对于汤普森来说,历史学家的身份就像一个神圣的护身符。无论他与其他历史学家的观点存在多大分歧(例如,加雷斯·斯帝德曼·琼斯提出了一种缜密、系统的结构主义历史来驳斥汤普森),在面对历史学科的共同使命面前,在对历史研究的任务和**已完成的成果**达成共识的基础上，分歧是次要的。因此，除了肯定历史，汤普森还围绕斗争的方式对英国历史进行着自己的论述：尤其是在1790年代到19世纪初的宪章运动中，人民民主力量的激进文化和工业资本主义之间的斗争。汤普森使用历史对抗威廉斯的文化，因为威廉斯似乎悬置了历史。当然，如果你站得足够远，远到脱离历史，只阅读一些那个时期的书籍，那么也可能合理地得出结论：《济贫法》是不同主流阶层人物之间的对话的结果。但如果你深入到历史中，切实从底层了解所发生的一切，如果你知道人们为了《济贫法》所做的斗争，尤其是各省进行的斗争（没有人读到过由各省撰写的文字或反映各省斗争的文字），就会明白《济贫法》的历史不能忽略文化冲突和斗争。

因此，汤普森对历史的强调并不仅仅是意识形态的；它反映出深刻的洞察，进一步支撑了他对威廉斯的文化概念的质疑，提出历史与历史进程、矛盾、斗争和变化是我们定义文化变迁和发展的核心方式。汤普森的质疑深刻改变了威廉斯在《漫长的革命》中对文化的定义，改变了威廉斯接下来对文化的分析。在汤普森发表了对《漫长的革命》的评论之后，威廉斯开始将斗争和统治纳入思考范围，而不再去思考如何定义共同、共享的文化。

不过，影响威廉斯的不仅是汤普森有力的批评，还有他所做的研究。《英国工人阶级的形成》是一部历史学著作，但这本书的确属于文化研究的范围，虽然汤普森自己可能不会那么认为。汤普森(1975)对文化研究的更大贡献是他对18世纪的研究——《辉格派与猎人》(*Whig and Hunters*)只是该研究的部分成果——包括《时间、工作纪律与工业资本主义》(Time, Work-Disciple and Industrial Capitalism)、《贵族与平民社会》(Patrician and Plebeian Society)等文章,因为在这些文章里,比起阶级斗争,他更加着力刻画人民斗争,并且表现出对那些反对当权者的人民斗争的浓厚兴趣。他对于文化斗争,而不仅仅是前工业时代的斗争情况的理解反映在他对农村人口如何被培养成适应工业资本主义社会的那些习惯的分析中:原本人们参照白天的节奏、物理和地理空间的事物、四季轮回等安排活动,现在要学着如何去遵循新的计时方式;这不仅是在服从工业社会的劳动纪律,更是在内化新的工作周与工作日节奏的意义,而这种意义成立的前提条件并不充分。他们要适应机器、积累和生产率的节奏。他认为,这是深层的文化经验。而我们通常这样论述工业革命中的这些变化:仿佛它们只是经济或技术发展的结果;仿佛它们只是认同工厂劳动的产物。但在历史上,任何变化都与新的社会实践意义的产生,以及社会实践的转型息息相关,因为人们的实践活动依据不同的定义和节奏而进行。这也是真正的转型所在。在工业革命时期的经济史中,我们看不出农民——农村人口——如何成为工人,成为城市人口;看不出为什么周一没人来上班。周一假期(Monday Holiday)一直延续到工业革命之后三四十年,随着大量农村人口涌入城市、小工厂和作坊,这一深入人心的传统民间活动被继续沿袭，但工业资本家们无法理解这一点。从经济和技术角度无法解释乡村假期休闲活动如何被重建为理性休闲活动——这一重建过程既受宗教的影响，也与国家规定有关，并且离不开当地有影响力的人物的带动。而且，被重建的活动的边界限定方式与17、18世纪的板球或足球比赛截然不同。17、18世纪的比赛的边界就是乡村的起点和终点所在。运动员能跑多远，赛场的边界就有多远。现代运动项目随着之前文化的瓦解而产生，同时也是这一瓦解的后果之一。在适应工业社会和城市生活的过程中，这部分是被迫的，部分是无意识的结果。踢足球成了不上班时的消遣。你得到一个专门的地方去踢，一个相比较而言比较小的地方，这个地方一定要有边界，因为你生活和工作在这个界限之外的地方。它建构起工作和休闲的文化界限，区分了服务他人的时间和属于自己的时间，区分了工作与娱乐、限制与自由，它构成了生活在工业社会的文化目录。汤普森帮我们看到，意义的内在体系如何被打断，使我们理解了这些体系在人们的生活中多么主观，理解了它们如何建构了我们在时间长河中的体验。如同任何其他明确的文化研究工作一样，汤普森的历史研究表明，我们只能通过理解我们用以构造与经历生活的范畴去理解我们是什么样子，我们如何生活以及如何消遣。

不过，威廉斯转向与马克思主义传统直接对话至少还有另外一个重要原因。在《漫长的革命》出版之后，《马克思主义与文学》出版之前，英国知识界的大环境和文化发生了深刻变化，一部分原因是20世纪六七十年代的政治运动。这一方面意味着更多的言论自由，另一方面在马克思主义的问题式下，出版商，尤其是《新左派评论》能够翻译并引进诸多所谓西方马克思主义的经典著作。这对许多英国文化理论家产生了深远影响，其中就包括威廉斯，同时，这也在整个英国知识界打开了更积极的对话与争论，于是，威廉斯不必再间接地、偷偷摸摸地谈论马克思主义，而是从旁敲侧击转为直接面对，指出马克思主义文化理论的不足之处，这是在他写作《文化与社会》一书时不可能认识到的。当时他只提到了马克思主义传统，还未将它确立为自己研究的对象。但到了《马克思主义和文学》时他就可以光明正大地在书中阐述自己的马克思主义立场，承认自己深受其影响，并认可它的历史就是自己的历史。

事实上他表明立场还要更早一些，在他那篇精彩的论文《文学与社会学：纪念吕西安·戈德曼》（Williams, 1971）里已有所体现。威廉斯在文章中将自己在《文化与社会》、《漫长的革命》中的思想架构和理论与戈德曼（1964）的《隐蔽的上帝》（*The Hidden God*）关联了起来。他将自己的情感结构概念与戈德曼的发生结构主义进行了比较后指出，他们其实谈论的是同样的东西。只不过戈德曼是在马克思主义传统之内展开研究的，与威廉斯在《文化与社会》里所批判的传统大不一样。大约在那时，威廉斯去了趟意大利，因为那不勒斯有一个久负盛名的文化研究中心，那里的研究开展得如火如荼。在那里，他接触了葛兰西的思想。意大利人很奇怪葛兰西怎么会与威廉斯的理论相契合？他的理论里哪有霸权概念？哪有支配概念？哪有斗争的观念？哪有争论的概念？威廉斯有一篇《马克思主义文化理论中的基础与上层建筑》（Base and Superstructure in Marxist Cultural Theory）的文章，发表在《新左派评论》（1973a），修改后收入了《马克思主义与文学》（1977）。在这篇文章中，威廉斯不仅提出了主流文化、残余文化和新兴文化的概念，还从葛兰西理论的角度积极展开评论，重新规划和转换了之前的文化定义和概念范式。

《马克思主义与文学》这本书的内容并非如题所示。威廉斯在书中直接评述马克思主义，而文学仅仅是陪衬，这与他之前的任何著作都不同。实际上，第一部分——"基本概念"——论述的是文化、语言、文学和意识形态。第二部分是关于文化理论，威廉斯积极地运用当代马克思主义理论重新表达自己的早期理论。到了第三部分他才想起书的标题中有"文学"，以及牛津大学邀请他写作此书的初衷。不过，这本书还是最为清晰地展示了他当时的立场：干净、凝练、通透、有效。

然而，《马克思主义与文学》的前几部分依旧延续了《文化与社会》里的研究策略，这一点颇让人感到费解。他用隐秘的结构主义取代了隐秘的马克思主义。现在能光明正大地谈论马克思主义了，索绪尔、阿尔都塞和其他符号学家还是只能隐晦地提及。第一章对语言的论述显然是关键，因为威廉斯通过语言去构建自己感兴趣的定义和阐释。如果说威廉斯的语言观是在受符号学和结构主义语言观影响的短暂时期发生了转变，那么充其量他是与结构主义语言观展开了错位的对话，再加上汤普森就像复仇天使，站在他的左肩上，由此，他指出，文化分析的对象应该选择历史过程，而不是系统和结构。从汤普森那里，他懂得了要用历史的眼光考察文化变迁。他反对列维-施特劳斯搁置起历史的过程，将它的组成要素逐一进行概念分类的做法。也就是说，他无法理解为了分析把握一段历史的变迁，就要暂停历史的进程的观点。他也反对索绪尔的语言观，支持沃罗希洛夫在《马克思主义与语言哲学》中的理论。很重要的一点是，我们要理解威廉斯在修正对文化的定义时，要用沃罗希洛夫的理论达到什么目的。他用沃罗希洛夫来认可结构主义者们所宣称的观点：语言不仅仅是对现实的透明反映；能指与所指之间的关系不是固定的。但他指出，沃罗希洛夫的符号概念——象征性建构和生产载体——认为符号形式和意义本身就相互断裂，无需将二者抽象地、绝对地分离（威廉斯则认为，结构主义研究方法需要对形式和意义进行分离）。

第二部分对文化理论的论述中开始出现一些新的观点。如我之前所说，威廉斯反对基础—上层建筑这一比喻，一方面是因为其中的关系错综复杂，远不是这个模式所能概括。另一方面，他从理论上提出了反驳：这一模式建立了一个错误的抽象概念。在马克思主义理论中，基础指的是生产方式——生产力和生产关系之间的关系——但威廉斯认为，在马克思主义理论中很难辨别出生产力和生产关系之间的差异。此外，如果不把文化概念考虑进来，不可能对生产方式进行描述。于是，在我们所说的关系里，"基础"指向了一个高度抽象的概念。我们必须创造出另一个更加抽象的概念才能从抽象的基础抵达上层建筑。而最后的那一个抽象概念也无法抵达上层建筑，因为它既缺乏理据也是多此一举，上层建筑并不抽象，它是具体的人类实践。

通过指出所有现实生活中的实践都互相交织，汤普森已把这个观点推进了一步。因此，基础和上层建筑的观念不会割断任何事。汤普森用的例子是18世纪的法律问题。法律属于上层建筑吗？是的，它显然是18世纪意识形态机器整体的一部分，是智识生活中一个被精辟阐述的领域，尤其是像布莱克斯通的《英国法释义》(Commentaries on the Laws of England)(Blackstone, 1766)那样复杂的文本。然而，旧的经济关系正在被各种经济契约和市场交换形式破坏，缺少了法律界定和法律手段，经济契约和市场交换就无法维系。我们能说"法律"仅在法庭和法律书中出现，而与在契约约束下的市场买卖无关吗？法律无处不在。那么，当我们必须把它当作一个交互的总体性去历史性地看待时，将首要特殊地位赋予社会形态中的某一个层面的抽象做法有何用处呢？

所有的历史都是人类实践，任何决定层面都不享有首要地位，这种观点建立在总体性的概念（对威廉斯而言，是文化总体性；对汤普森而言，是历史总体性）之上，它的基础是我之前所描述的哲学人本主义。同时，它也建立在特定的理论观念之上，这一观念坚决反对抽象化。理论不过是通过对某个社会历史语料库中的概念进行分析而得出总结性归纳。理论不是非要建立一些抽象的概念，使其独立于鲜活的生活经验，也并非要充当分析框架（并不是说不能使用概念框架），透过千篇一律的生活表象，切入真实体验的肌理。在这一点上，汤普森（1978）对抽象概念的批判更加鞭辟入里。在《理论的贫困》（The Poverty of Theory）中，他批判马克思（1977）的《资本论》，因为书中充斥着（黑格尔式的）抽象概念，比如生产方式，尽管马克思知道，人无法靠进入某个特定社会形态或领域中就寻找到生产方式，他仍然使用了这个抽象概念。正因为它是抽象的，所以必须保持在不被看到的状态。事实上，所有的生产方式往往都只在一定的社会形态中出现，在具体的人类实践中出现。因此，除非运用分析的方式，否则我们不可能描述经济关系。

　　威廉斯和汤普森都认为抽象概念削弱了我们对人们生活的论述。如果文化理论和分析的目的是重新构建生活体验的厚重质地，或者说情感结构，因为它构成了不同群体、阶层、共同体和社会的鲜明特色，那么基础和上层建筑这两个抽象概念如何能达到这一目的？这两个概念精深幽奥，完全脱离于人们必须要处理的厚重的实际生活状况。这也是威廉斯和汤普森二人共同的问题核心所在，不仅是在基础与上层建筑上，而且在任何概念的抽象化和理论化上都存在问题。文化研究不可能也不应该将人们置于这样单薄的术语上进行讨论,这是出于人道主义的抗议,尤其考虑到文化研究的目的是为了重现人们丰富复杂的生活体验。从一定意义上说,这是为把他们排除在一个伟大传统之外而做出的补偿。《英国工人阶级的形成》在做什么?它在发声。它的前言里这样写道:

> 我想把那些穷苦的织袜工、路德派的剪绒工、"过时"的手织工、"乌托邦式"的手艺人,乃至受骗上当而跟着乔安娜·索斯科特跑的人都从后代对他们的不屑中拯救出来。或许他们的手艺与传统正在消失,他们对新兴的工业主义的敌对态度可能看起来很落后,他们的社群主义理想也许只是空想,他们造反的密谋或许不过是愚蠢之举。但他们经历了那个剧烈动荡的社会年代,我们并没有;他们的愿望符合他们自身的经历;如果说他们是历史的牺牲品,那么他们至今仍是,作为牺牲品受到他们自己的生活的诅咒。(Thompson, 1963, pp.12-13)

汤普森声称要为从未被听到过的历史中的声音代言,希望这些消失的声音能被人听到:穷苦艺术家的声音、贫苦织袜工的声音、平等派的声音。对于一个想对社会边缘文化体验表达敬意的人来说,一把概念的剪刀有什么用呢,它只能把东西剪成碎片。为何要将原本统一的事物割裂呢?为何非要把需要整体看待的事物相互区分开来呢?

虽然我在后续的讲座中还会提到对抽象概念的这一批判，此处我还是想做一点回应。毋庸置疑，无论在哪一个社会，我们都很难在人们具体的实践活动中看到区分基础和上层建筑的分界线，同样，我们也难以将社会实践分成既定的类别，按照决定关系将他们一一分类。历史是这样呈现的——各种实践相互交织，彼此之间并无区分。威廉斯和汤普森都没有回答的问题是：对历史的思考和在历史中生活是不是一回事。当然，从历史内部，从社会结构的某个立场去看，某些策略和行为会显得合理有效；但文化分析的任务是否是仅仅去再现和赞颂这样的应对，是不是不应该对它们做出评价，或者在必要的情况下，去解释一下他们的弱点和失败。在这一点上，结构主义范式与人文主义范式是截然不同的。

我还要再提一下威廉斯的《马克思主义和文学》，他在此书的第二部分对文化研究做出了重要贡献，即便不能详细阐述，也值得一提。人们应该明白，尽管威廉斯的问题式从一开始就存在缺陷，但他的理论思考从未中止。毕竟，有缺陷的理论基础也是能产生深刻的洞见的。因此，虽然威廉斯（1973a）的观点存在不足之处，他基于《马克思主义文化理论中的基础和上层建筑》的观点对主流文化、残余文化和新兴文化之间的区别进行了非常深刻的分析。这是思考文化变迁的一个重要思路。研究者需要去观察一个文化的最新动向，观察那些正加入到文化中的元素，以及尚未在社会中形成气候的元素，同时要注意那些赋予社会生活新的定义和全新生活方式的元素。研究者需要注意文化中的残余文化，这一点在我看来至关重要，因为总体来说，在看待被社会抛弃的事物时，左翼学者表现得很差，他们在对待文化和意识中非理性和过时的形式时也是如此，但事实上，人们往往能够并且常常从这些非理性和过时的文化和意识中建构出全新的理解。例如，经过并不深入的观察，马克思认为宗教是人民的精神鸦片，于是宗教成了马克思主义研究严重忽视的对象，因为我们认为马克思的那句话已经概括出了全部。然而事实并非如此，从整个世界范围内来看，不管是世俗世界还是非世俗世界，无论是什么宗教意识结构、宗教实践形式和宗教制度，其实都在经历不断适应与再适应现代社会的过程。它们的影响力仍在延续，并且也切实影响着现代社会的建构——比如伊斯兰世界。它们的语言仍具生命力。它们可以被带入另外一种文化，在其中它们会突然促使人们抵抗主流结构，而这在它们初期的宗教形式中是不可想象的，就像拉斯特法里教（Rastafarianism）的所作所为那样。

从整体上详尽把握现代世界的文化现状，绕不开残余思想与实践的痕迹，这些残余痕迹被人们挪用到纷繁复杂的社会斗争中。马克思主义学者中的非利士主义（philistinism）并不考虑残余文化对当代文化和社会产生的社会影响。为什么批判资本主义要在这样的基础上进行：对前资本主义文化抱有该有的怀念，对后资本主义怀有清晰的愿景？当我们准备急赴乡村，那个现实中并不存在的乡村，神话中的乡村时，我们就能体会到这种残余文化的力量和吸引力。它被新闻、文学和音乐所建构,并且绝大部分产生在城镇里。关键在于,这些过去的意象被重现在现实之中,并发挥着作用。我们将其作为研究的对象与素材;我们甚至对一些过去的碎片进行加工,以便去想象我们已经不可能了解,也没有图像的过去。当你试图想象明天的样子,也只能依赖过去的遗产。

这并不是说,威廉斯对这些观念的理论思考就完美无缺。有些地方他并未认识到,例如,残余文化一旦被带到当下,往往继续造成非理性的影响,而这将限制和束缚人们对未来的展望。它们并非完全是正面的词汇。但残余文化和新兴文化都很重要,它们一方面构成与主流文化的较量和对抗,另一方面也促使主流文化改变自身,吸纳残余文化和新兴文化,适应新形势(比如,想象一下嬉皮士第一次登上《时代周刊》的封面)。显然,主流文化以一种霸权的方式有效发挥着自身的功能。霸权的证明就是主流文化无需消灭明显的抵抗,只需把它纳入自己的空间,使其与其他的选择和可能性共存。事实上,它们被接纳的程度越高、多样性越强,越有助于促进丰富多彩、拥有无限可能的生活,越能增强相互之间的包容和尊重,也越能提高人们明显的自由感。收编的背后有一个极其重要的理念,那就是当主流文化面对反对力量时,不是试图斩草除根,而是给予它一定空间,与之共存,允许它被慢慢接受,前提是在这个过程中逐渐消除所有真正有效的对抗力量。

从揭示文化变迁的本质上讲,这些思想中包含着极其丰富的概念。但如果找不到将文化和社会形态作为整体进行概念化的方式，如果无法系统论述文化在社会形态中的合适位置，这些思想就不够充分。毕竟，这些都是威廉斯想解决的问题。此时，人们可能期待威廉斯回到情感结构的理念上来，在文化理论那一部分的结尾，威廉斯对情感结构的论证非常薄弱且说服力不足，我认为它成了一个迷失的概念。威廉斯（1979）在《政治与文学》中再次提到情感结构，他论述道，这个术语很有价值，因为"结构"表达了文化的决定性力量，但"情感"否定了它的系统性。

不过，他在《马克思主义与文学》中还介绍了另一个文化概念，这个概念使我们认识到：社会实践不会存在于我们为它们协商出来的意义之外，这些意义伴随我们的生活，我们也依靠这些意义生活。依照这种文化观，威廉斯提出了总体性的概念，提出没有简单的对应，没有直接的转换带，没有什么方式能让经济基础的变化——甚至允许文化稍微落后和偶尔的不和谐——在文化和意识领域产生相应的变化。我们需要更有力的概念去思考经济实践和文化实践之间的关系，需要对文化变迁的本质做出更详细的阐释，而不是将它强置于经济关系的决定性之下。威廉斯提醒我们，在对基础和上层建筑的讨论中，简单地将基础等同于经济基础，带来了很多伤害。并不是经济学家所写的基础在发生作用。甚至可以说，这个基础什么都是，唯独不是经济学家所写的那个。基础的真正问题在于物质生产和生活组织之间的关系是如何组织起来的。

它关注社会群体如何被组织，以及各群体为了占有物质世界如何组织生活。马克思的评述言简意赅：时代不同，组织方式也不同。当一个社会脱离了封建社会关系，转而在资本主义社会关系里组织生活时，就会发生翻天覆地的变化。这些变化可能带来重大的后果，也可能引发其他的变化。但威廉斯认为，一旦我们在更广泛的意义上理解了基础这个概念，就不能将这一理解简单化，而是应该认识到，从社会整体构架上看，没有什么关系或实践能起到结构性的决定性作用。而所谓的决定性作用，不过是实践之间的相互博弈。他认为，这样的模式能够让我们掌握——无论是概念性的还是分析性的——一个文化里鲜活的经验，掌握某个社会群体的实践方式，这些实践被赋予的意义以及组织它们的方式。

这里我们可以看到，生产一个新的总体性概念的文化主义的工程，这一工程持有特定的哲学立场，以特有的方式看待不同实践之间的关联，对决定性抱有独特的见解，并对与之相关的文化下了特定的定义。我主要通过威廉斯的思想来讨论这个观点，但不全是威廉斯的。在这个研究方向上，威廉斯针对英国传统展开了最具持续性的理论研究。文化主义立场旨在融合唯心主义者与唯物主义者之间的争论。威廉斯充分认识到，人处于自己所控制不了的社会经济关系之中，在这一点上，他是马克思主义者；但同时，他又是修正主义者，或者说与经典马克思主义传统保持着距离，因为他想赋予文化和意识更高的权重。他要分析的正是文化和意识的水平，这也正是马克思主义传统从未充分讨论的问题。但他对文化和意识的综合分析建立在混淆这两种经验的基础之上，这个理论所寻求的是二者的融合，因此他才会极力主张建立情感结构的概念。

现在，我们清楚地了解了威廉斯思想中的不足和纰漏，尽管如此，它为深化文化理论和严肃开展文化研究提供了充分有效的方法，非常值得我们进行严肃的研究。其中充满真知灼见，具有深远的影响力。正因为它与有关基础和上层建筑的机械化观点决裂，文化研究才真正得以起航。威廉斯的思想提出了一些重要观点，例如：经验具有举足轻重的作用，文化应该作为阐释和体验的框架等。它也提出了共同体的概念，认为不同群体之间对一些事物有着共同的定义，由此构成文化生活的基础等等。他为文化研究领域贡献了许多概念，但我认为，我们应该对这些概念及其用途——也许是与其他思路之间的关联——加以甄别，而不局限于威廉斯对这些概念的呈现方式。不必照单全收，而是用批判和分析的眼光去对待。同时我们也应该承认，在当今整体消极的形势下，真正的理论仍然被生产制造着。它体现了一种无畏的理论工程，我们必须承认这一点。但目前对严肃理论的批判通常过于狭隘、僵化和含糊。那些在未成熟的土壤上敢于不畏艰难探寻新思想的人为我们带来了福音。我们继承了利维斯的特殊论、密尔的个人主义和威廉斯的文化主义。论证并提出民主的文化理念、大众的文化理念和唯物主义的文化理念，要付出很多艰辛，但人们都想坐享其成，从中获益，却不必吞服苦药。

第三讲

结构主义

文化理论，马克思主义文化理论亦然，都是通过与来自不同传统的理论立场和话语进行交流，才取得了一些最为重要的理论进展。比如，通过与史密斯（Smith）和里卡多（Ricardo）的不断交流，马克思的著作得到了提升，马克思主义文化研究意识到了自己的内部思想储备不够充分，意识到必须跳出自己的领域，才能与其他并非发端于马克思主义思想的理念和思维方式相互沟通。当然，在把这些理念和思维方式纳入马克思主义话语时，马克思主义文化研究必须对它们进行转型和改写，不过，这些转型和改写并未阻止这些借来之物在马克思主义内部产生持续性的影响。

本次讲座中，我不打算通过结构主义的最新进展来追溯它复杂的发展历程。结构主义是介入整个文化理论领域的主要范式之一。它并非仅仅或者主要作为一套特殊的理论或理论命题，相反，它作为一种思维模式而存在，一种提供了与威廉斯和汤普森截然不同的视角的独特思维模式而存在。我将主要探讨结构主义思想的非马克思主义来源，集中关注埃米尔·涂尔干（Émile Durkheim）以及克劳德·列维-施特劳斯（Claude Lévi-Strauss）的重要作品。我做出这些看似奇怪的选择有几个方面的原因：首先，我主要探讨结构主义的早期来源，因为结构主义与经典马克思主义之间的关系复杂又含混。在经典马克思主义看来，这些来源已经受到了污染：它们是社会学的，而不是唯物主义的。其次，我反对遗忘事物出处的健忘症，包括智识层面和社会层面的。人们必须记住，在以阿尔都塞著作中表现的形式出现以前，在以列维-施特劳斯早期著作为中心的法国知识界，结构主义早已成为一种完备的理论了。事实上，我们必须意识到，结构主义在不同的时间和场合，以不同的方式，已经被引入了马克思主义。

我将从埃米尔·涂尔干开始谈，他是现代社会学的奠基者，同时，从某种特殊意义上来说，他也是现代结构主义的奠基人。此外，涂尔干的遗产非常有趣，因为它也标志着文化理论与社会学本身之间的联系。毕竟，有多种阅读他的著作的方式，也有多种不同的理论和学科将他的著作视为重要的来源。因此，存在着不止一类，而是（至少）三类涂尔干学说，文化研究与它们都有联系。首先，涂尔干学说一直是英国结构主义人类学，以及在某种程度上，美国结构主义人类学的主要思想来源和学术灵感。其中的关键文本包括《自杀论》

(*Suicide*)(Durkheim, 1951）和《社会学方法的准则》(*The Rules of Sociological Method*)(Durkheim, 1982）。这类涂尔干学说教导社会科学家们，不要将社会关系的表面流动视作研究主体，而是要更深入地探索一个社会的制度结构和运转过程。正因为这类涂尔干学说的研究兴趣从社会关系的现象性形式转移到了定义、描述以及区分不同社会的结构性制度，它才具有了结构主义的特征。

第二类涂尔干学说是塔尔科特·帕森斯（Talcott Parsons）([1937]1967）通过将涂尔干的著作一分为二后建立的。通过这种优雅的方式，帕森斯指出：我们需要通过《社会学方法的准则》来构建一种实证科学，并且把《自杀论》看成是一种运用实证科学的典范。事实上，尽管《自杀论》中没有这样一种完备的实证主义方法论，这也无关紧要，有许多伟大的科学也是在谬误的基础上建立和发展的。与此相关的是，帕森斯借鉴了涂尔干对事物评估方式的考量，而不是仅仅通过对事物的数量的考察，就采取一种以数据为基础的科学，一种定量的社会学。同样重要的是，在对涂尔干学说的建构中，帕森斯完全省略了对涂尔干某些著作的探讨，那些他称之为唯心主义的文本，包括《宗教生活的基本形式》(*The Elementary Forms of Religious Life*)(Durkheim, 1947）以及《原始分类》(*Primitive Classification*)(Durkheim and Mauss, 1963）。第三种涂尔干学说，正是形成于被排除在外的这部分的基础之上，而这一类学说与列维-施特劳斯和结构主义直接相关。

涂尔干对结构主义范式的形成有所贡献的大部分著作，要么是他与马塞尔·莫斯（Marcel Mauss）合作完成的，要么是他在莫斯的影响下创作出来的。他与莫斯是亲戚，也是学术合作伙伴。法国早期的结构主义者们也借鉴了更广泛领域的著作，尤其是在《社会学年报》（*L'Année Sociologique*）上出版的范围广阔的、十分重要的著作。《社会学年报》是一份由涂尔干引导的，包括莫斯、葛兰言，以及更远的索绪尔在内的一个松散的研究者群体的"内部刊物"。虽然这批著作在英国和美国影响甚微，但它们是法国社会学主要的知识来源，也同样启发了列维-施特劳斯，成了他的思想来源。这样一来，施特劳斯拥有一个以莫斯命名的教席就并非偶然了。事实上，在他的就职演讲中，列维-施特劳斯把他的研究目标定为：试图完成莫斯和涂尔干开创的项目（从没有人说过列维-施特劳斯是个十分谦虚的人）。

我的评论主要集中于涂尔干对结构主义的形成做出贡献的一些方式，而对他影响了主流社会学传统定义的理念和观点会略去不谈。在《社会学方法的准则》中，涂尔干说道，建立一个社会的科学所要面对的第一项任务就是确立应当研究的对象。如果我们想要构建一种实证科学，那我们必须研究社会生活的**事实**，而不是探讨我们对这些事实已有的、已经被研究过的观念。我们已经把头脑中的社会生活的表征与社会生活本身的事实混为一谈了。《社会学方法的准则》的一项核心议题，便是如何将这些表征转化为真实存在的事实，即，或者是使社会表征变成**事实**，或者是将它们视为事实。正是这个研究项目定义了涂尔干反唯心主义的、实证主义的学说。

涂尔干后期的一些作品，如《宗教生活的基本形式》和《原始分类》，回归到了这些表征中来，并观察到所有的社会都针对它们生活中的关系和社会环境形成理念，这些理念就组成了他所说的"社会的集体表征"。要理解某一社会的精神世界，需要建构一个集体表征的目录，这个目录中包括社会中不同的社会群体，以及社会作为一个整体长期以来一直维护的集体表征。此外，这些集体表征具有一项社会功能：它们能帮助我们规范我们彼此间的行为和关系。正是通过这些集体表征，我们使自己的行为融入或适应社会的普遍结构和需求。另外，它们自身具备一种真实性，因为这些集体表征的体系已经被编码在语言和书籍中，并在不同的机构和体系中被体制化。举个例子，这正是法律的含义：法律是人们所拥有的集体表征的集合，它规定了在社会中什么具有法律约束力。通过采取这种法典化的、体制化的形式，法律在约束和限制我们的行为上发挥了十分重要的社会功能：阻止我们做出任何超出社会可接受或常规范围的行为举止，即违背社会集体表征的行为。

与人们用来将社会表征给自己的集体表征体系紧密相关，每个社会都发展出了自己独特的一系列准则，这些准则对我们的行为具有强有力的结构化影响。作为集体表征，这些准则是集体化而非个体化的产物。因此，个体无法创造出一种关于法律的集体表征体系。这些表征不仅是集体化的，还从外部约束着我们的行为。它们不是像内部价值体系一样对我们的行为方式产生作用，而是作为限制和约束的外部系统，阻止我们做一些特殊的事情；抑或是，比方说，它们使我们将一些特别有影响力，以及重要的集体表征视为是神圣而不可侵犯的。由于集体表征无法被化约为个体的心理历程的集合，也因为它们从外部规范着人们的行为，这些集体表征具备一种"事实性"，在涂尔干看来，这种事实性是证明社会学是关于社会的科学的必备条件。集体表征无法拆分为单独组建社会的原子，这样的集体表征便是涂尔干所提及的社会的特有之处或社会因素。

或许有必要解释一下社会学观念中的准则概念，因为文化研究借鉴了涂尔干著作里对这一概念的改写。显然，准则的运行暗示着存在不遵守准则的人。这样一来，社会中的人就被分成了在社会标准结构框架以内和以外的人这两个部分。在框架以内的，便是行为受到规则制约——比方说，受到社会所许可的规则和准则的统治——的人。而那些生活在准则以外的人，行为不受这些规则限制，他们在不同的语境下被赋予了不同的称谓：越轨者、例外人士以及被排斥者。基于这样的观念，一个社会的核心便是集体理念和准则的集合，它们把所有事物都联系在了一起。所以，如果一个社会要进行自我再生产，就必须同时对集体表征和规范化结构进行再生产，这便是社会秩序的本质和来源。只有在社会规范结构对社会可接受行为的界限进行操纵或定义时，这一社会秩序才能得到维护。因此，社会秩序依靠限制来维护。那些不遵守规范和秩序的人将受到控制，最好是被诱导回社会体系中来。正是基于这种对社会秩序的理解，涂尔干谈道，犯罪不只是对社会或者规范秩序的破坏，相反，它提供了机会，以仪式性的行为惩罚那些生活在规则以外的人，因而，犯罪在每种社会中都具有重要的象征意义。只有通过惩罚，一个社会才能重申它的规约的完整性以及它的规范结构的力量。违背准则的过程有助于整合社会秩序。

显然，涂尔干式的传统和一些围绕支配和控制的简单理论而构建的马克思主义理论变体之间有着紧密的联系。我们可以把涂尔干的集体准则理论与意识形态理论接合起来。也许，这就是为什么整个越轨框架和犯罪社会学有时会以一种简单、秘密的方式被迁移到主流社会学理论之外，但又被移入文化理论的理论化形式之中。例如，对亚文化的兴趣和理论是依靠越轨理论的一种清晰换位而得以发展的，尽管它的问题通常在一个更具社会交互特性的框架中得以呈现，即，如何定义特殊群体的处境？它与主流定义有何不同？这些被特别定义的人又如何被引入、被邀请、被敦促或者是被强迫回归主流？这些人是如何被贴上越轨者的标签的？这些被排斥在外的人对于维护主流集体表征有什么重要意义？因此，尽管它们有着完全直接源自主流社会学理论的谱系，这些理论都证明它们能够被有效地纳入文化研究的一些区域中来。

正是涂尔干在集体表征上的兴趣吸引了像列维-施特劳斯这样的人。毕竟，当涂尔干谈及宗教的时候，他感兴趣的是人们如何以宗教或象征形式表达对社会的看法，以及有哪些人的看法是以这样的形式得以表达。当涂尔干探讨原始宗教体系时，他感兴趣的是这些体系如何将一些社会关系的复杂性通过复杂的象征符号系统表达出来。例如，在图腾体系中，不同社会群体的关系通过再现大自然中动物和事物之间关系的象征体系得以表达。象征结构形式中的自然与人的关系是列维-施特劳斯（1969b）第一本书《图腾制度》（*Totemism*）的主题，这本书显然位于一个明确的结构主义范式之中。基于他后期的作品，《图腾制度》可被视为理解分类系统之间关系的尝试，这些分类系统被赋予了象征的形式，社会运用这种形式对不同社会群体之间的关系进行组织和分类。

列维-施特劳斯是一位杰出的法国人种学者和人类学家，他在南北美洲的许多原始印第安部落中进行了田野调查。作为弗朗茨·博厄斯（Franz Boas）和美洲文化人类学传统的追随者，施特劳斯开始了他在印第安的事业。我们认为，正是在这里，施特劳斯开始对语言产生兴趣。博厄斯一直坚持认为，倘要研究某一类人，首先要学会的就是他们的语言。语言的学习不仅与人的生存有关，不仅与能否与人进行沟通并探究自己生活中的日常需求有关，也同样关系到我们能否理解人的本质。必须理解他们的语言，因为这是理解社会现实所需要的首要象征体系。因此，语言的种类和形式本身是进入象征领域和人们生活世界的宇宙观的最为重要的线索。在这个意义上，语言是理解世界必不可少的工具。世界只能被赋予意义，要实现这一点，我们必须把世界拆分开来，为各种各样的片段进行命名，并构建它们之间的联系。只有在语言本身的结构和分类中，人们才能找到所有这些线索。因此，在文化人类学中，语言不仅仅是交流的工具，更是一个独立存在的研究对象，这个对象为内部集体象征体系的研究提供了一条线索。

正是通过这个视角，列维-施特劳斯批判了功能人类学的主流传统，这一传统试图主要通过原始人类的物质（这里的物质并不是马克思主义意义上的物质，而是跟随马利诺夫斯基，属于生物意义上的物质）功能来译解他们的象征体系。马利诺夫斯基认为，要想研究象征体系，就要把它们逐个拆解成满足社会需要的具体形式，而列维-施特劳斯反对马利诺夫斯基的观点，并阐释了这种理论的荒唐性。他提问说，这些复杂的象征体系真的能吃吗？那些对红薯产生认同感的人是因为喜欢吃甜食吗？那其他人是否属于爱吃酸味的人？与功能性传统截然相反的是，列维-施特劳斯主张，这些符号不是用来"吃"的，而是用来思考的。它们是象征组织的形式，必须通过它们自身复杂的内部结构才能得到理解。接下来，人们就会提问，这些象征分类和组织体系如何与社会关系，以及人们所生活的物质环境之间产生联系。

列维-施特劳斯的这个项目要面临的第一个障碍，是与西方理性主义科学相关的一种傲慢态度，在它看来，只有一种可行的逻辑：即它自己主导的理性主义的逻辑。与这种种族中心主义相反，列维-施特劳斯发现了他称之为类比性思考模式（analogical mode of thinking）的逻辑，认为这种模式概括了人们在原始人类的象征体系中能够找到的所有逻辑种类。列维-施特劳斯想要说明的是，虽然有许多逻辑在以不同的方式运转，但它们都能使我们理解并简化世界的复杂性。这样一来，他确定了类比逻辑以及思维模式在神话界、图腾体系以及其他原始分类形式中的地位，而这些正是原始人类看待他们自己和他们的社会的方式。正如西方社会需要建构基于理性主义逻辑的体系一样，他们也需要这样的体系。其次，如果你试图把理性主义逻辑强加于这些更为原始的体系之上，你可能认为自己是在帮助并启蒙原始人类。但是，正是由于缺乏对这些分类形式和人们的生活之间关系的理解，就会剥夺原始人类理解自己行为所需的逻辑。如何向原始人类解释他们能与哪些人结婚，不能与哪些人结婚？倘若剥夺了原始人类用以阐释自己亲属关系体系所需的类比逻辑，就会剥夺原始人类用于组织大部分生活的基本语言。在这样的社会，尽管原始人类的行事方式十分复杂，但据我们所知，他们之间明显不存在我们所理解的生产关系。他们所拥有的是亲属关系，其可以用来定义其他关系，如权力关系、与精神世界的关系以及经济生产的关系。他们同样需要属于自己思维方式的类比逻辑，一种他们所能理解的逻辑。因此，列维-施特劳斯在关注象征性分类和意义领域时提出的第一个也是最重要的观点就是文化逻辑的多元性。

此外,在法国知识文明鼎盛时代所受的训练,使得施特劳斯并不仅仅满足于认识到语言是理解一个社会文化的线索。他致力于寻找一种方式,一种使这一项目科学化的方式。同时,他也避免采取那种看上去不过是展现了一连串直觉的方法:"这看起来似乎就是这样,不是吗?难道你没有感觉到它?"列维-施特劳斯是第一个发现人文学科的话语也能够具有科学性的文化理论家,人文学科也有着科学的严密、精准和类似科学法则的结构,这也是语言学家带到语言研究中的方法论。毕竟,语言学,尤其是音系学,能够告诉我们,人们是怎样发出一系列的声音的;它也能告诉我们,为什么一种语言中声音的范围与另一种语言不同。语言学有着物质和生理学基础,因为它始于人体生理学。不过,施特劳斯并没有转向当时主流的历史语言学,相反,他转向了音系学家的结构语言学(在研究不同种语言的实际声音时,音系学家最早将语言的基本要素和选择、组合的规则确定为能够让人们发出可被理解的语言集合的基本结构),尤其是索绪尔的理论。我们可以看到,正是这些启发了施特劳斯重要的甚至是开创性的早期研究《图腾制度》和《结构人类学》(*Structural Anthropology*)(Lévi-Strauss, 1972)。

为了确立科学的文化人类学的可行性,列维-施特劳斯首先从索绪尔对语言和言语所做的区分入手。用最简单的话来说，言语是指我们在日常语言使用中的实际言语行为的多样性，而语言则由让我们能够讲话的基本原理和原则组成。言语和语言间关系的一个重要特征便是我们能在对语言一无所知的情况下进行言语。我们可能不知道有关语言的音系、语法和句法关系的任何一条规则——那些使得我们发出智性话语的规则——但我们仍然不断发出智性的话语。同样重要的是，即便我们可能不知道某一条规则，但当有人没做对，即打破这条规则的时候，我们心知肚明。至少对我们大部分人而言，这些规则在潜意识层面已经内化了。语言学层面的无意识不能和弗洛伊德层面的无意识混为一谈，因为前者并不具备主动或必要的压抑。毕竟，语言学规则是可以检查和严格描述的，这也正是各种结构语言学的任务。但实际上，在潜意识层面，每一个语言的使用者都必须掌握恰当的规则。

然而，言语和语言的关系尤其重要。因为前者具有无尽的潜在可能性，而后者的可能性则必定是有限的。成套的规则肯定是固定且封闭的，人不能随便决定以不同的方式，根据不同的规则去说英语。不过，人们仍然可以说自己想说的任何话，包括那些从未被说过的，超出陈规和定则限制的话。因此，语言和言语间的区别为我们提供了一种运用科学手段研究某物的可能性，该事物的核心特点即是它的创造性。如果不是为了追溯最具原创性的瞬间，那些从未被思考和提及的事物以及它们的可能性的来源，我们为什么要研究文化？同样，语言是我们最为常见的象征活动，但实际上，在大多数情况下，我们都是在原创。我们会说出那些我们认为是我们所独有的感受。然而，除了每个人都用的同样的语言规则，我们还能用什么方式来说话呢？列维-施特劳斯提出，人们当然能继续研究全世界文化言语行为的无限性，但语言的科学性分析应当是研究"语言"。人们没法通过观察一系列能够永远进行下去的无尽的事物来构建一种科学，但使得事物无限生产的有限规则却能够成为科学探究的对象。因此，结构语言学家试图展示无尽的实际言语或文化行为是如何通过有限的规则矩阵，或者用更现代的术语来说，在一系列深层结构的基础上得以实施的。

  作为科学研究的对象，语言是一种集体的、无意识的矩阵，这也就给我们提出了如何描述这个矩阵的问题。在索绪尔看来，语言的矩阵由有限的一组要素以及一些规则集合组成。这些要素可能像构成语言或使电脑得以运行的不同音位一样具有任意性；而这些规则指导你如何选择特定的音位，如何将它们和其他的音位合并起来产生结构完整的语链，以便清楚准确地发言。这是一个简洁明了的模型，由各类要素和选择与合并的规则组成。符号、信息和话语的生产牵涉到从场域中选择特定的要素（选择的过程依据规则进行，有些规则并非语言本身的一部分），并根据组合的规则把它们和其他已选择的要素组合在一起。但是，只有在言语中，每一个句子或者言语行为才有一个序列，并且能以这样的术语加以描述。言语有序列，而语言则没有序列。毕竟，语言是表达序列如何产生的方式，它只能被描述成要素的集合以及它们之间的组合规则。语言是一个静态、固定的体系，而言语总是处于变化和活动之中。语言是一个共时性的深层结构：说它"深层"，是因为它不一定能被意识到；说它"结构化"，是因为它将语言运用的过程和动态排序视作为一套静态的规则体系。

现在，我想简要谈谈列维-施特劳斯是如何采用结构语言学的这一模型来研究神话的。他的方法由四步构成：

1. 认清神话的构成要素。这些要素并非是孤立的术语，相反，它们是在特定时期主体和功能之间的关系。

2. 创建一个能够涵盖所有方式的表格，其中所有的构成要素能够被加以组合。

3. 把这张表当成分析对象。每一个组合的实例只是表中多种可能性的其中一种实现方式或者展示。这张表格相当于你所能创造的所有神话的清单目录。

4. 描述这个表格的规则或结构：这就是神话的意义。

拿三个构成要素打个比方：老虎跃过了小溪；老虎在小溪中淹死了；神话创造者朝老虎开了枪。结合组合规律，神话创造者可以借助这三个要素构想出数种不同的神话。老虎跃过了小溪，然后攻击了神话创造者，在斗争中，神话创造者朝老虎开了枪，老虎跌跌撞撞地掉到小溪里淹死了。或者说，神话创造者可能朝老虎开了枪，但他只是擦伤了老虎。老虎逃跑了，它跃过小溪以躲避神话创造者的追捕。神话创造者悄悄跟踪了老虎很多天。直到有一天，他们俩因在同一条小溪里洗澡而恰巧相遇了。在接下来的斗争中，神话创造者勒住了老虎，把它淹死在了小溪中。当然，还有别的神话故事可供人们构想。通过分析这则神话，人们可能不会设法思考某一版本的神话有多丰富多彩，即在词藻的润色下，这则神话能变得多么动听，比如老虎的条纹多么好看，神话创造者多么勇敢，他又是如何潜伏在灌木丛中的，等等。人们想知道的是，通过这几种要素和组合规律，人们能够构想和讲述出哪些可能的神话。其中一件你想解释的事可能是，为什么在旁边那个本应当是在讲物理的教室里，有另一个人知道了老虎、小溪和神话创造者的枪，并且在用一种截然不同的方式讲述一个美妙可行的神话故事：老虎淹死在了小溪后，以鬼魂的模样回来了。有一天，神话创造者看见它跃过了小溪去攻击他，他朝老虎开枪。不过，既然老虎变成了鬼魂，它便不再会被任何凡物伤害，它接着攻击神话创造者。于是，神话创造者死于恐惧，他变成鬼魂又回来讲述这个故事。

显然，这些变体有着截然不同的含意，但它们都是由相同的要素和同样简单的组合规则构建的。实际上，要成为一个神话创造者，人们不需要记住每一个已经讲述过的神话，只要记住要素和组合规则就够了。接下来，人们可以不断地通过构建或重新排列基础要素的集合去创作神话。这一方式帮助列维-施特劳斯解决了人类学的一个中心议题：为什么人们在一千个完全不同的、相互从未有过接触的社会和文化中所讲述的基本上是同一个类型的神话故事。历史学家提供的是人们可能称作"孤筏重洋"式的解决方案：一定有人把这些神话故事传递给了这些不同的岛屿和人群。暂且不论此种说法是否可行，事实上，它并未对实际的结果作出解释，因为并非不同的人群都有着同一神话的相同版本。列维-施特劳斯认为，这些不同文化中的不同神话所具备的共同点，是他们相同的结构。假设神话中的元素不是小溪，而是天空，不是老虎，而是小鸟，我们现在就可以构想一些新的神话。现在，神话创造者开枪杀死了小鸟，或者是小鸟把神话创造者给吓死了。这些仅是同一个神话的不同版本。因此，神话的意义不在于它特殊的内容，而在于它的形式安排所具有的逻辑。

这样的结构分析常常显示出一种通常与数学阐释相关的优雅的简洁性。随后，列维-施特劳斯采用了结构主义的方法。通过类比，他把这一方法从音系学运用到了普遍的语言中，从普遍的语言运用到了分类和社会管理的原始体系中，从分类系统运用到了神话原理的分析，从神话分析运用到了对亲属关系体系的分析中。而且，从那以后，通过类比，语言学范式在不断延伸，它试图把结构语言学的洞见运用到任何一种社会领域。这就是结构主义自身的开端。所以，对于阿尔都塞和巴里巴尔（Balibar）而言，生产方式的作用方式与语言相像。对拉康来说，无意识的建构方式与语言相像。这种类比延伸的危险之处在于，有时候，在重要的但却未被注意的误中，"相像"这个词消失了。因此，我们不说它们的结构与语言"相像"，而是说它们就是语言。亲属关系是一门语言，无意识是一门语言，生产方式也可以成为一门语言。选择两种单位：生产力和生产关系，并把它们组合起来，使得两种要素都充分享有自由的组合方式是资本主义模式，而把一种要素纳入另一种之中的便是奴隶制。这十分简单，这也是马克思所言的花上几个世纪的生命、流血、历史和剥削等才得以实现的事物的形式化图解。

至此，试图确定针对象征系统和文化形式的结构性方法的一些重要特点和内涵可能会十分有用。第一，意义不是从世界直接产生的，它不会守在那里等着人们去发现。意义并非独立于语言之外存在于世界中，而语言像镜子一样，起到反映它的作用。世界如其所是，为了使世界上特定的关系得到理解，社会中的人们会使用一些象征的手段给世界赋予一种意义体系。这种意义体系源自人们用以表现被拆分的世界的范畴，源自他们各自认同的用以组合和重组这些意义的规则。意义和可理解性被表达出来并与世界建立起联系。它们不是给定的，也并非现存于这个世界，然后仅通过语言被表达或再生产出来。

第二，形式和象征以及它们指代的事物之间不存在一一对应的关系或者相关性。在象征性表达的形式（以及它的意义或可理解性）和特定社会中的社会关系和体制之间最多存在一种间接的联系。事实上，这些关联从来不是固定不变的。如果一组有限的集合衍生出无尽的实际形式，人们只会关注到这些关系之间有什么区别。否定任何象征形式和外部现实之间一一对应的可预测关系会让人怀疑：真实世界中到底是否存在所指物。另外，人们常常把这些理解为，结构分析不能处理这样的关系，或者结构分析只关注象征性体系的内部动态。从对简单关系的否定滑落（slide）到任何关系的缺失，这样的滑落意义重大，而我们可以在列维-施特劳斯自己建构的象征和现实之间的联系中看到这种滑落。

在分析阿斯迪瓦尔（Asdiwal）神话的一本早期著作中，谈到了人们有时去上游，有时去下游，列维-施特劳斯（2004）不仅对这类故事集的象征性组织很感兴趣，同样，他也很关注在特定气候条件下，人们确实是有时去上游，其他时候去下游的这一事实。显然，在部落组织中真正发生的事件与人们自己讲述的这类故事之间存在一定的联系。这是列维-施特劳斯与类似马克思主义的立场最为接近的时候。在他看来，神话为解决社会矛盾提供了一个显而易见的逻辑方案。换句话说，有些特定问题是关系到群体存亡的：例如，在不同的境况中，人们该往哪走才能保证自身的延续性。人们讲述与此相关的故事，这些故事既能证明，又能引导他们在正确的时候做出正确的决定。这是可以用象征形式去克服的生活中的困难的例子。但这并不意味着人们可以把神话结构看成是对部落经济组织的反映，神话只是在类比和间接层面上与实际生活有关联，它最多也只能被理解成折射了它所探讨的社会和经济关系。不过，当列维-施特劳斯提出神话与矛盾有关时，他主要关注的是自然和文化之间的矛盾，而不是马克思所关注的矛盾。马克思所指的，以及他有时说意识形态能够帮助解决的矛盾，是社会、经济和政治组织的矛盾。列维-施特劳斯很少关注这类矛盾，他通常对原始人类如何通过与自然之间直接的、未经中介的联系来处理社会关系更感兴趣。在此阶段，列维-施特劳斯对象征形式、社会结构以及它们之间的关系都兴趣盎然。然而，随着他的研究不断发展，他越来越致力于分析内部关系——神话和象征体系的结构和形式。对于这些存在于它们自身以外的象征结构和社会矛盾之间的关系，列维-施特劳斯则兴趣不大。到他撰写《神话学》(*Mythologiques*)（共四卷：Lévi-Strauss，1969a，1974，1978，1981）时，他已经把神话全然当成一种自给自足的逻辑体系，而不是在智识层面意图解决现实矛盾的办法。重要的是，这个转变具有典型的结构主义特征：从象征与社会间的连接点转向了象征性形式本身的内部组织。随着结构主义的不断发展，它越来越不关注象征性体系和社会结构间的关系。

第三，任何象征性形式应该探讨的首要问题，不是导致它的原因，而是它建构的方式。列维-施特劳斯的兴趣亦不在于典型的西方理性主义逻辑所思考的因果关系问题，而在于排列的问题。因此，在结构主义中，存在着从内容到形式，从文化的内容到文化的形式之间的变迁。正是这些形式可能包含的模式、结构以及它们的转化形式，而不是它们的内容，能够给予人们了解文化的线索。结构主义者们把操作性的逻辑进行分类、排列和识别。但他们既并不关心为什么这样的分类是有效的，也不在乎分类体系以外的哪些事物可能促成了这一特殊的象征性组织的形成。因此，结构主义是依据从前者到后者，或者从一个体系（变体）到另一个之间的转变来表现变化的。如果人们想要描述一个社会两个阶段之间的差异，只需建构一个比较分类体系，在两栏中的每一栏都列上这两个阶段的差异特点。当然，这是我们都会采用的共同方法，比如，用此方法来描述工业化阶段。我们把变化展现为差异，变化就这样被简化成了一种分类的结构化体系。显然，相比于我在威廉斯和汤普森著作中发现的马克思主义思想中处理变化的通常方式，这种方式更为局限，不够历史化和动态化。

这种探讨变化的方式——像结构化转型一样——在包含创造性和原创性的一系列话题中有着重要的含义。例如，西方理性逻辑中的进步、个人主义和独创性理念规定，唯一有价值的文化产品即是之前从未有人生产过的产品。事实上，它们越不像以前的产品，越能得到重视。另一方面，神话创造者并不在乎他或她讲述的故事是否与人们之前听过的故事十分相像。他们明白，总要给予人们一些他们已经知道的事情，比如，那只年迈的老虎和小溪，以便让观众辨认出故事的开端："啊哈！我们又重新开始了！"这种变化和新意是在已经可辨认的结构中得到定义的，略加变化以便维持人们的兴趣。必须是人们足够熟悉的神话故事，这样大家会明白你是在同样的基础上进行创作。这样也会产生很多关于文化的乐趣：回归起源处。弗洛伊德和许多现代文化理论都意识到了重复和创新所带来的乐趣，以及两者间无可分割的联系。没有一种文化陈述能完全摒弃历史去创造出一个白板，并在此白板上突然发出绝对独特的陈述，与之前的任何陈述都毫无关联。变化和创新都是通过转型而来，即通过转变已有的要素，从中生产出新的要素，删去其中一些旧的要素，加入新的要素，构建新的组合规则等方式来做到这一点。因此，结构主义提出了一个崭新且重要的关于变化的观念。

第四，结构主义分析是形式上的。与威廉斯的著作相比，结构主义分析不仅强调对形式的关注，也认为方法本身应是形式主义的。它试图尽可能地把一切，甚至包括直觉，都形式化。必须要承认的是，结构主义并没有用其对特定文化形式的解读来消解直觉的存在。例如，列维-施特劳斯的分析通常技艺太过高超，使得人们暂时忘记要去质疑他的范畴的合理性，或质询这些范畴的来源出处。以施特劳斯对俄狄浦斯神话的著名分析为例（Lévi-Strauss, 1955），他整合在一起的所有神话版本是同一个基本的俄狄浦斯神话的变体，这一点是不言自明的吗？他用以分解神话的范畴是不是也都是不言自明的？我们是否能确定，每一个或者任何一个解读者都会得出相似的分类？实际上，整个形式化的组织都是基于最杰出的直觉。除了最严格的程序，它消除了其他一切因素，从这个意义上说，结构主义的方法并不科学。结构主义的方法比它所伪装的样子更依靠直觉。尽管结构主义建构于对象征性体系的运转模式的熟悉程度上，它离不开依靠直觉猜想的瞬间。而有时候，列维-施特劳斯的猜测大错特错。不过，在初步猜想以后，结构主义便可以恰当运用它的形式分析机制。这种形式化确实有助于把证据客观化，证据则将直觉和思考过程正当化。至少，相比于让人单凭直觉就立下论断的方式，它提供了与他人进行更为理性对话的方式。

第五，结构化的方法重视规则以及人类活动是由规则控制的这一本质。无论是语言、象征体系、社会组织、政治体系或是亲属关系体系，都围绕或依靠规则体系而建立，而规则体系并非是靠人类主体的创造力而形成。信奉结构主义的男男女女并不是普罗米修斯，他们不是受到威廉斯和汤普森称赞的富有开创精神的人，那种能使世界焕然一新，或者重新赋予世界以意义的人。只有通过遵守社会准则和规则，创新才会发生。当然，有时候，正是打破规则的举动才最为意义深刻。不过，这些举动本身即可理解为转型。因此，虽然乔伊斯（[1934]1990）打破了英语口语的一般规则，文化圈并未拒绝接纳《尤利西斯》(*Ulysses*)；相反，人们学习规则来阅读这本著作。创新也许依赖于打破和转变规则，但它总是会组建另一组规则。这种对文化的构想是反对浪漫的。文化是我们终极能力的表达，是我们理解世界并赋予我们的认知以象征性形式能力的表达，这个观点在结构主义的话语中得到重建，这牵涉到我们要在必要的限制范围内进行创新的能力，以及运用规则来改变我们处境的能力。

第六，结构主义与逻辑学的多元性相关。如它所说，多种文化也许能够被区分开来。但是，这种区分并不是涂尔干所说的，根据它们的集体表征或者是理念的内容加以区分，而是根据它们组织排列世界的特殊逻辑进行区分，各种逻辑之间又以不同的方式相互关联。这样的理念提供了把列维-施特劳斯和马克思主义重新联系起来的契机，因为人们可以在不同的社会形态，特定的阶级和社会群体中发现独特的社会逻辑，并以此重组马克思主义的论题。不过，列维-施特劳斯显然拒绝了这种解读文化逻辑的方式。施特劳斯提出，不能把不同的逻辑都当成特定历史条件下的产物，他认为这些是源自人类心智所包含的无尽逻辑潜能。在某种意义上，它们是文化的普遍性，是我们普遍人性的特点，我们都具有以多种逻辑模式来讲述故事的潜力。正是基于这一点，利科（1968）把列维-施特劳斯称作是一位康德主义者，因为施特劳斯对心灵的先验范畴很感兴趣，尽管并没有先验主体。

最后，我打算把结构主义的一些观点与文化研究所提上议程的问题联系起来，如同前两讲所做的那样。承载结构运行的所谓无意识层面的重要性——并非全然是弗洛伊德层面上的无意识，也不是一个具体的心理分析过程的结果——代表着与威廉斯和汤普森的人文主义传统的彻底决裂。如果我们把这看作是一个结构化分析的更普遍地形学（topography）的具体实例，这一点就更加清楚了。结构主义的典型分析举措是从现象关系层面转到位于其下的决定性结构。这是一个"科学性"的决裂，是与事物出现的地方，与人们说话、生活的地方以及他们讲一百个故事的地方的决裂。这意味着对 E. P. 汤普森试图恢复真实人群的意识的努力的否定，以及对雷蒙‐威廉斯试图恢复某一特定时期的生活的情感结构的尝试的否定。结构主义的关注点从意识和经验转向了结构，转向了决定着其他一切的结构。列维-施特劳斯可能偶尔用这种地形学声称，他正在试图阐明基础和上层建筑之间的关系，但他的基础显然与马克思的不同。另一方面，人们同样可以用这种地形学把马克思称为结构主义者，因为他也从现象性关系的研究，转向对决定性结构的探讨。当然，《资本论》(Marx, 1977) 的重点就是开始分析结构。虽然与组合规则和人们用以制造变体的要素相比，马克思的结构并非一个形式化体系，但如同阿尔都塞后来所尝试的一样，人们确实能用那种方式来分析它。在对资本主义生产方式的组成要素和一些组合规则有了一定的理解以后，人们可以得出它呈现的不同种类的表面形式，包括早期工业主义，晚期工业主义，帝国主义和后资本主义。事实上，人们可以利用这一方式作为划分不同历史时期的分析方法。不过，结构主义问题意识的基本动力就在于把历时性的（历史、过程、变化）替换成共时性的（体系、结构），其中只有后者可以得到科学的定义。

我已经试着描述结构主义范式的基础假设和含义，如同人们在列维-施特劳斯和早期的符号学（如罗兰‧巴尔特）著作里所发现的一样，这比阿尔都塞重读结构主义与马克思和马克思主义的关系的努力要早。把语言学当作一个意蕴丰富的生成隐喻，符号学家们便能够分析所有现代文化的产物，其方式即是列维-施特劳斯建议用来分析任何特定文化总体元素的方式，这些元素包括不同车辆、时尚和新闻照片体系。通过把他的著作和社会学相比较，巴尔特把他的项目描述成分析不同社会和文化构成的社会学，即采用结构主义或语言学的方法，分析不同社会中所有不同文化的表意体系以及意义和可理解性（intelligibility）体系。

我想简要总结一下结构主义和更偏向人文主义的文化主义之间的区别，主要就是一系列的置换：首先，结构主义把普罗米修斯般的创新精神置换成了人类生活的规范性观念；其次，结构主义把主体性和意识领域置换成了无意识领域；再次，结构主义置换了历史概念和体系与结构的过程；最后，结构主义把关注点从原因和因果解释置换成了分类和排列逻辑。此外，还有另一种置换需要得到承认：言说主体的置换。列维-施特劳斯的神话创造者，这个发言、讲故事、赋予一种文化以内涵的人，并不是被邀请出来生产和分享灵感果实的人，相反，神话讲述者是被由他或她所使用的结构所言说的人。神话创造者使用那些可用的文化机制来创造神话，因此，与其说一个神话的讲述是主体问题，毋宁说这是一个没有主体的过程。正是通过这些匿名的过程，可理解性和意义体系才得以生成。还有一个置换，从依据文化和物质世界间关系的运作（至少是在经典马克思主义意义上而言），到关注一个允许生成意义和可理解性的象征性体系中的内部关系，这同样是一个置换。从不够充分的意义上说，从把语言视为表达和反映世界的意义的概念转变为把语言视为生产意义，从而使得人类社会能够进行指示的概念，也是一个置换。最后，从实践的语言到话语的语言的置换。事实上，结构主义革命的核心是一个假设，借此该范式被延伸到符号学的所有社会生活中，这个假设提出，所有的社会实践都通过这种方式被赋予意义，因此它们都属于符号学。它们并不存在于不同社会所赋予它们的意义之外，只有依靠它们的可理解性和意指能力，它们才能被描述出来。

第四讲

基础与上层建筑再思考

这一讲集中讨论马克思思想中的核心隐喻，即基础与上层建筑，这个隐喻规定并塑造了文化研究的概念框架。通常来说，马克思正是以这种方式改变了文化理论的问题和用以表现意识形态的术语。然而，对于在马克思主义领域进行研究的人们来说，它所带来的问题比马克思的任何其他概念都要多，尤其是如何找到它作为一种隐喻或模式的准确地位。在此，我只能对马克思作品中的一些主要提法进行简要论述，因为正是在马克思的作品中，我们看到了这一隐喻的含混性、不确定性，以及其最终的局限性。实际上，好几个理论问题都落入这个基础—上层建筑的隐喻中。首先，在经典马克思主义中，它是用来表述物质条件（或者经济力量或者阶级关系）对于上层建筑及意识形态的决定性质的主要方式之一。其次，在马克思的思想中，它被用来表示社会形态中不同实践层次之间关系的性质。最后，它为思考总体的复杂整体性指明了方向，我们用这种总体概念来表达一个社会或社会形态。显然，要在更具体的层面理解经济关系与意识形态之间的关系，探究物质基础与上层建筑的关系是非常重要的。它与力图连接、追踪或定位实践活动的艰巨任务相关，这种实践活动指的是经典马克思主义模式框架中的文化或意识形态实践。

基础—上层建筑隐喻为那些想要继续在马克思主义问题式相关领域进行文化研究的人们规定了一系列的问题，也为那些对于马克思主义话语框架不满意的人们提供了可以尝试做出重要修改的要点。当然，有些问题存在于马克思的文本中，或者至少有出现这些问题的趋势，另外有些问题则是源于人们理解那些文本的方式，源于他们所追随的一些思潮，以及他们已经制度化（institutionalised）了的阐释方式。例如，一些马克思文本中出现的关于社会形态决定论的特定概念，以特定的方式将特权赋予经济范畴与阶级矛盾，从而构成了经典马克思主义的立场。因而，探讨其他社会矛盾（如性别或种族）和马克思主义的关系问题时，这个隐喻就是必须要提出的主要问题之一。

马克思著作里的基础—上层建筑隐喻通常出现在他对普遍历史唯物主义方法的描述中，这一点体现在《德意志意识形态》（Marx and Engels, 1970）、《〈政治经济学批判〉序言》（Marx, 1970）的"导言"以及《大纲》（Marx, 1973）的"序言"中。这种隐喻为一般唯物主义方法创造了可能性，因为它指出了出发点与如何继续深入阐释其他部分一样重要，即，如何看待出发点和其他部分之间的决定关系。也就是说，基础—上层建筑通常出现在马克思反抗唯心主义的斗争中；它是所谓的对黑格尔主义的颠倒的一部分。它力图展示，对历史发展的解释可以从实际的物质实践与条件出发，而不是从我们对它的观念出发。因此，这种隐喻产生于区分马克思方法的三个主要前提的语境中，并与之密不可分。第一个是历史前提：并不存在普遍或永久的历史形式。所有的历史形式、时代和生产方式都属于特定的历史时期，都受制于历史决定的特殊性。第二个是结构性（不一定与结构主义相同）前提：分析的主要对象是规律、趋势以及特定生产方式的结构。具体来说，唯物主义分析研究将注意力转向资本主义社会形态的系统属性。第三个前提与基础—上层建筑问题的联系更直接，就是唯物主义（以特定的方式进行理解）前提：理解人类社会只能基于以下两方面的结合，一方面，人类社会是社会组织组合的结果；另一方面，这种社会组织依赖于人类从自然获取生存资料的方式。

基础与上层建筑隐喻涉及许多各不相同但又互为相关的问题：对于分析对象的定义；对于主体和历史的关系以及社会形态结构的描述；关于变化（这一点与还原主义的责难相关）和决定的理论。而使问题更加扑朔迷离的是，为了应对这个问题，马克思在不同的作品中对这一隐喻给出了不同的提法，这些作品包括《德意志意识形态》、《政治经济学批判》、《大纲》的"序言"以及《路易·波拿巴的雾月十八日》（Marx, 1978b）。虽然我想集中讨论《政治经济学批判》和《路易·波拿巴的雾月十八日》，但是，首先请允许我对《德意志意识形态》进行一下简要评述。

马克思提到，他的出发点是生活的物质生产，以及与其相关、由其创造的社会交往形式，即市民社会——社会关系和生产力，这是所有历史的基础。不过，马克思很快又补充了它作为国家的行为（这是马克思作品中典型的修辞策略——补充一个短语，再次使事情变得错综复杂，因为我们不清楚该如何进行解释）。由此，马克思开始论述社会关系与生产力的框架，以及它如何再现或表达为我们称为国家的概念。于是，这种方法解释说，不同的理论生产（意识形态、宗教、哲学、伦理等）都源于那个基础，并从中发展起来。以这种方式，整个社会形态得以展现与接合。

《政治经济学批判》的"导言"则始于一个截然不同的出发点，马克思在此关注的对象是关系，而不是个体、阶级或社会。确切地说，这里的出发点由以下事实所规定：在社会生产中，人们处在独立于他们意志的一定的关系中。在这种社会形态的观念中，个体的主体或施事者被彻底地移置或去中心化，不论愿意与否，他们都必须进入社会关系中。他们发现，自己在世界上的位置已经被社会关系所预先决定，他们生来就处在这些关系中，并不可避免地受到它们的约束与塑造。可以说，这些关系开辟了等待我们的空间，不管有没有被事先命名，它们自身已经携带一系列的事物——意义、实践、身份，对此我们能做的微乎其微。

由于马克思开始以特定的方式表述历史和主体的关系，社会形态问题被暂时取代。这显然与《德意志意识形态》中的提法很不一样，汤普森与威廉斯曾试图从这部文本中发展出自己的理论模式。在《德意志意识形态》中，马克思的重点截然不同，他提出要从作为创造者的人出发，如果没有人的活动，历史就一无所是。在这种模式中，分析的真正重点是人的实践。不过，这种强调仍然与我们在《路易·波拿巴的雾月十八日》中看到的不同，在那里，实践和结构之间存在双重性。也是在那里，马克思指出，人创造自己的历史，但是是在不受自己控制的环境中创造历史。

不过，有必要对《政治经济学批判》中更为客观的立场进行更加详细的考察。《批判》并未涉及《路易·波拿巴的雾月十八日》中实践与结构的双重关系，只是提出，在一个社会形态中，不同种类的实践活动之间存在着关系。这是社会被组建与塑造的方式，也是它在时间长河中反复生产自身的方式。个体是那些关系的代理者或承载者；他们被放置于那些关系中，可以说，他们的活动和能动性既定于已经存在的关系线路中。此外，这些关系是确定的；这不仅仅是人们属于社会的传统社会学（即，涂尔干式的）命题，也是人们处于特定的历史社会关系结构中的马克思主义命题。

具体来说，马克思所涉及的关系是生产关系，是与生活的社会生产相连的社会关系。因此，作为分析对象的结构是由生产关系所构成的，这种生产关系与生产力发展的特定阶段相适应。不过，我们必须要小心行事，因为这是马克思思想中最含糊的提法之一。尤其是，马克思与恩格斯说生产关系自身有时也能成为生产力，那么区分生产关系结束和生产力开始的界线在哪里？将生产关系和生产力都接合进生产力（基础）中是必要的，这能防止我们仅仅把生产力理解为技术。它们或许不会总是奏效，但是能很好地提醒我们，在任何时候，一个社会形态中的生产力问题并不是机械或者任何可能的技术的后果，而技术的特定水平本身也是生产关系和其他生产力互相作用的结果。因此，尽管不断有一些马克思主义者倾向于将马克思的文本曲解为技术决定论，但这并不是马克思提法的原意。确切地说，它是社会关系和生产力的总和，这个总和规定了基础（在别处被称为"结构"）的定义。这就是马克思（希望这一点令他深感沮丧）称为"经济"的涵义，因为在一些特定理论体系中表现出来的某些最重大的范畴谬误就是源于这种称谓的合并。显然，这种意义上的经济不会被西方世界任何自认称职的经济人士所认可。马克思对于"经济"一词的运用并非对应于该术语狭义的、技术及学科层面的意义；事实并非如此。这一术语的两种语域并不包含相同的涵义，尽管我们必须承认马克思自己的提法也寓意含混。因此，不论我们最终对基础—上层建筑模式作何反应，有一点至关重要，我们要把人类社会的物质基础和当今对经济的理解区分开。

即便稍微有些离题，但或许此处值得一提的是，这种提法敞开了对自身进行结构主义解读的空间。这种模式中，不同的社会形态可以根据社会组织产生的形式得以辨认，这些社会组织形式让人们能够介入自然，以便在社会层面对他们的生活进行再生产。人们可以通过将社会生产关系当作一整套的要素来区分社会形态，这些要素以不同的组合产生出不同的形态，就像语言一样。这便是巴里巴尔所说的"复合"（combinatory），而阿尔都塞，或许因为他有些神经衰弱，就简单地将其称为"组合"（combination）。以这种简单但精练的方式，通过识别社会关系与生产力如何组织自身以及这两种要素如何进行组合，我们就有可能对历史构型与时代的复杂性进行化约。当然，这是在一个高度抽象的层面，或者说是一种非常低程度的化约（取决于你是否那样认为）。不管怎样，这是描述被马克思视为伟大历史纪元的本质结构的一种方式。

回到《政治经济学批判》，马克思指出，法律、政治上层建筑和社会意识的特定形式所对应的正是基础结构。此处十分重要的是，要认识到在这种地形图中，上层建筑包含两层：第一层由政治与法律结构及制度构成；第二层由社会意识的意识形态形式构成。人们常常忘记这种区分，而只把它简化为意识形态形式，就连马克思自己有时也会这么做。然而，再说一次，我们必须认识到马克思文本中一个常见的修辞策略：他经常会详尽地阐述一些复杂概念，然后再将其凝缩为一个句子或意象。这种凝缩并不否定概念的复杂性。例如，他将全部基础与上层建筑的论述概括为"存在决定意识"，而非"意识决定存在"。因此，威廉斯与汤普森诉诸这种语言，以便解救意识与更宽泛的存在概念的时候，他们的方法是将这种语言解读为好像它存在于整个基础—上层建筑地形图之外的地方，这种做法是没有多少根据的。它是基础—上层建筑的总结。他们喜欢这种弱化的表达，因为它似乎更加开放，跟多层次社会形态的详细论述相比，它显得不那么结构化。但是，这两种论述并非不同的论题，而是同一论题的一部分。

然而，当马克思试图描述与解释历史变化，尤其是这种变化如何从一种组织形式继续发展到另一种形式的时候，有关基础和上层建筑理论的主要问题也随之出现。马克思提出，上层建筑与基础紧密相连，因为前者"建立在"后者的基础上。因此，它们以串联的形式移动，当基础变化，上层建筑也会随之变化。不过，马克思显然看出了这种论点的问题，于是他很快补充提醒说，当然，与上层建筑中的变化相比，你能够更精确地理解基础中的转变——他使用了"自然科学的精确性"的比喻。你可以开始思考，这一时期的客观生产关系究竟在何种程度上超越了私人占有。你可以开始评估，这种仍然存在于私有制迹象下的高度社会化的生产形式的荒唐之处。与分析法律、政治、哲学、审美和其他意识形态产物及意识形态随之变化的速度相比，你能够更加精确地分析这些事情。不过，马克思确实希望它们能保持一致。因此，在一种特定的决定作用的形式中，基础动力被赋予首要性，甚至在上层建筑的领域也是如此。

由于区分了社会形态的层次——基础、政治与法律形式，以及意识形态形式，这种基础与上层建筑的关系模式似乎看上去错综复杂，然而，它未能承认决定作用真正的复杂性，因为这幢大楼上面的楼层不仅建立在基础之上，而且以这种方式必然地对应于它。结果，当基础变化，上层建筑也随之变化，以保持一致。这种模式貌似复杂，实则并不复杂。看上去它好像被做了区分，但是若你询问它的移动方式，会发现它作为一体进行移动。也许物质关系的移动和文化与意识形态关系的移动存在一点时差，但它们之间互不干涉。像有些可能性是不允许出现的，比如，两者在任何持续的时期朝相反的方向移动，或者两者之间出现脱节。换一种方式来说，最终，马克思将社会形态看作一个总体的概念看起来是显而易见的。那些发生在基础中的关系也表现在各个层次中，并不需要处理它们之间的不均衡性或系统性差异，甚或是中介形式的问题。

这种模式的第一条裂缝来自于对历史模式的建构。即使这种模式是基于资本主义社会形态的运作，我们按理也会思考封建社会的情况，在封建社会中，人们深受宗教的影响。为了应对这个问题，马克思提出了一个不同的决定作用模式，其中，生产方式——人们从自然中获取生活资料的方式——解释了为什么在不同社会中有不同的形式在凝聚社会方面发挥中心作用。马克思不是否认首要决定性在于基础，而是承认，有时候基础发挥决定作用的方式是将支配地位分配给其他层次中的一个：这里是政治，那里是宗教，等等。

这种决定性观念跟那种认为政治或宗教与基础一致，并表现或反映基础变化的决定性观念截然不同。正是在这里，阿尔都塞得出了以下观点，即认为基础决定上层结构的方式不是通过规定它的内容，而是通过将支配性分配给一个层域。从这种视角来看，我们指出封建社会中宗教地位与作用的重要性就是完全正确的。那并不意味着宗教成了决定因素，而是宗教在封建社会中被赋予了决定地位。《大纲》的1857年《导言》中也有类似但并不完全相同的论述，其中马克思指出，在社会的所有形式中，有一种特定的生产支配其他生产，这种方式决定其他关系的地位与影响。阿尔都塞的观点看起来有一定道理。但是，在同一段落中，马克思随后又指出，总是有一种特定的"其他"，决定着相关的得以显现的一切其他关系的确切比重。这似乎是在将社会形态作为一个整体的情况下概括其决定作用，一种关于决定论的更加文化主义的观点。我很高兴能在一个段落中看到如此多元的决定论：那种决定作用不是取决于经济基础，而是遍及作为整体的社会形态，或者说它正是以结构的方式进行运作，不过不是通过阿尔都塞（1970，p.113）所说的，以"经济陛下"的样子超出其他一切之外来发挥决定作用，而是通过决定当前哪个层域带头领先的方式来发挥作用。

马克思关于决定性的论述之所以引发问题和争议还有一

个原因,他至少以两种方式论述资本主义社会形态中的首要(即,决定性)矛盾。在一种提法中,首要矛盾是社会关系和生产力之间的矛盾。简单地说,他预见日益加大的差距会出现在资本主义社会现代生产力的持续发展和它所需的社会关系之间,包括占有、控制、剥夺(即,私有制)关系,那些生产力就处于这些关系中。生产力与社会关系之间的差距造成了矛盾,这接着又导致它们之间关系性质的不断变化。

不过,在另外一些地方,尤其在《共产党宣言》(Marx and Engels, 1964)中,马克思的注意力不是放在以结构化的方式分析资本主义社会形态上,而是放在社会阶级斗争与矛盾的性质上。在那里,首要矛盾是资本和劳动之间的矛盾。虽然这两种矛盾之间显然存在某种联系,但它们不是一回事。因此,上层建筑的变化到底主要跟结构矛盾相关,还是跟不同社会形态与实践的矛盾相关,取决于你读到马克思作品中的哪些部分,而且两者之间存在显著的差异。这意味着,我们要区分两种针对基础—上层建筑模式的反对理由:经济还原主义和阶级还原主义。

经济还原主义的指责说,尽管这种模式补充了提醒与限定条件,但基础就是其他层次的内容。在某种意义上,其他层次只是显现出来的表面形式,而不是它们的实质内容。这也是为什么我之前提到社会生产关系与生产力的复杂性和它们作为国家的表象,就好像国家实际上只是经济关系的一个层域。我们错误地认为国家是在政治领域中构建的,所以花大把时间思考政治制度、过程等等。但实际上在这种模式中，国家只不过是各种关系在政治层面中的表达，它们实质上是结构的一部分。这种模式不仅断言，基础产生了其他层次，而且它们的本质内容也在基础中。结果，这种模式似乎强烈地暗示把社会形态的所有层次都还原到基础中。虽然它不要求采取这种行动，但是它显然不允许其他层次具有自己的现实决定作用，它们在这种模式中的作用仅仅是履行基础对它们的指令。

第二种对这种模式的指控是阶级还原主义，这一指控运用了《德意志意识形态》和《共产党宣言》这两个文本。在前者中，人们看到，上层建筑与阶级之间更为清晰的关系极其简明扼要地在统治阶级与占统治地位的观念中得以表述。在《德意志意识形态》中，马克思似乎承认，观念在实现支配地位和维护统治方面发挥着至关重要的作用。但问题是，他继续将一定的占支配地位的意识形态和一定的阶级等同起来。换句话说，问题在于将整体意识形态归属于整体阶级。特定意识形态形式的决定作用问题通过诉诸观念与阶级之间必然而内在的关系得以解答。一个阶级在社会生产关系中的客观立场带给它某种特定的世界观和物质利益。那些属于资产阶级的人们拥有一系列对立于只能出卖劳动力的被剥削阶级的物质利益，接踵而来的便是围绕这两个对立群体的社会利益所产生的人生观、世界观，或者意识形态。如果有些人不在生活中经历结构层面规定的阶级斗争，没有按照自己在阶级关系中的地位所规定的方式生活，那么他们就是生活在虚假意识中。

也就是说，由于阶级地位的缘故，阶级（以及个体）被认为会持有一种客观的意识形态或意识形态立场。如果他们没有的话，肯定是因为他们没有认识到自己真正的利益。

针对虚假意识观念存在许多异议，或许其中最有力的不是理论性的，而是政治性的。我不明白为什么我认识的所有人都绝对相信他们不是活在虚假意识中，但却能立即分辨出其他人活在虚假意识中。我从来不理解，为什么有些人能够在政治组织和斗争领域提出严格地区分两种人，一类人能够看穿表面，透过复杂的社会关系，直达基础（因此他们根据真正的结构行动）；而另一类世界上有史以来数量众多的人们则不然，他们的思想被禁锢，是不明真相、糊里糊涂的傻瓜。他们做一天和尚撞一天钟；他们领取工资或薪水；他们购物、吃喝、养家糊口、四处旅游；他们这么做了，却看不到真实，看不到自己的利益，或者不明白自己应该想些什么、做些什么。其实，我一直试图远离这种对立的立场，而是认为所有那些把人们有机地组织起来的意识形态具有一定的真实性，它们具有人们可以识别的真实；它们确实能让我们理解与定义自己的体验。当然了，它们不能告诉我们全部真相；它们会强调一些事情而掩盖另一些；它们所带来的理解是偏颇的。但是，它们没有虚假到只有谎言、歪曲或误认。因此，虚假意识并不是关于阶级立场与意识形态问题的充分理论。

这些只是经典马克思主义立场的部分说法与问题。不过我还不想离开这一立场，不仅因为这种立场已经进行了一些卓有成效的工作，只不过这些工作时常被那些对不同立场问题进行有效批判的人们所忽视，而且因为我们得承认，马克思对于唯物主义高于唯心主义要素的强调在部分程度上来说是一种论战策略。我们不能将他的所有文本都视为好像是在大英博物馆中写成的，他的有些文本是在激烈地对抗其他哲学或政治力量。毕竟，马克思是在跟青年黑格尔主义作斗争，黑格尔认为历史是从一个理念到另一个理念的行进过程。马克思必须要以某种方式打破这一点。因此,《德意志意识形态》在某种意义上是一部接地气的文本，它会讨论一些相当实在的事情，比如在思考观念之前先想想你的肚子或房子，它问道："有人能只靠天主教过日子吗？"或者"谁能把政治当饭吃吗？"它指出，我们需要物质世界，应该理解人们是怎么组织再生产他们的物质存在的。马克思是一个年轻的狂热者。毕竟，他深谙黑格尔主义，因此，他不是在跟什么他不在乎的敌人争辩，而是在跟自己思想中的片段与习惯较量，跟唯心主义哲学的顶点斗争，跟一个了解历史、而非遗忘历史的唯心主义哲学家作战，跟熟知政治经济学而非假装认为理念可以产生一切的人搏斗。为了应对这巅峰时期的西方唯心主义哲学，马克思必须要像阿尔都塞后来评论自己与结构主义的交锋那样，大幅度地"掰弯枝条"，他不想它折断，但是他的确要把它掰向大家都抛弃的那一边。实际上，马克思对于19世纪思想的看法正如人们有时对20世纪思想的看法：如果你任由唯物主义观念发展一番，会发现它滑向了唯心主义。在学术生活和西方思想结构中，唯心主义仍然具有现实的影响力，它部分程度上植根于观念与存在的哲学区分。一旦人们从那种双面性的框架出发，试图将其进行连接，就会发现唯心主义是用来应对复杂性的最强大的可用语言。

我们在恩格斯的思想中可以看到这种努力，他认识到马克思所强调的观点在论战中的重要性，并力图将马克思主义从那些一再把政治册子中的庸俗笑话当成科学真理的追随者中解救出来。恩格斯恳请马克思主义学者以全新的方式研究历史（那应该成为每位马克思主义学者的明显标志），并避免将马克思的唯物主义当成像黑格尔那样机械地建构历史的标准。毕竟，马克思是在与黑格尔以及黑格尔的以下思想做斗争，即认为历史其实是一幢巨大的建筑，只要你将它建造起来，并启动理念，就可以静观整个历史徐徐展开，就像理念在某种高度合成层面上的自我复归运动。然而，马克思与恩格斯试图驱逐的正是这种唯心主义的建构。

恩格斯指出，当我们实际研究某一特定历史时期时，会发现所有的场域都相互作用。政治影响经济，经济影响家庭等。因此，像威廉斯（在威廉斯之前，的确是这样，可是密涅瓦的猫头鹰在不同的时间起飞）一样，他开始思考结构（structure）和上层建筑（superstructure）彼此间的相互作用。我们分析得越详细，要列举的偶然要素就越多。因而，人们不需要将基础的决定作用应用于历史上的一切事情。重要的任务是探寻主要趋向，描绘更突出的联系主线。相比一种简单的基础—

上层建筑决定论，恩格斯提出了一种无限序列的彼此交叠的力量平行四边形，这些力量共同导致一种结果。这为阿尔都塞的多元决定论做了准备，在这种决定论中，一个事件由许多不同的力量所决定。

在人生晚期以及马克思去世之后所写的书信中，恩格斯（Marx and Engels, 1934）继续跟一种模式的遗留问题做斗争，这种模式被奉若神明，却不再是一种帮助思考的有用工具。他尝试提出许多其他的提法与解决方案，虽然无一充分，但它们表明了马克思思想中一个现实的理论问题：马克思所建设的关于物质与意识形态之间关系的理论并不充分。

我说这些是因为，根据我自己的解读，马克思自己也意识到了问题所在，并开始着手应对。尽管我并不完全赞成阿尔都塞式的观念，认为存在一个早期的、黑格尔主义的、虚假的、前科学的马克思和一个后期的、真实的、结构主义的、科学的马克思，或者声称这两者之间存在绝对的理论断裂或决裂，但是我认为阿尔都塞指出马克思的思想并不是一个同质的统一体或者连贯的整体的看法是准确的。马克思晚期的作品，尤其是写于人生后期的《资本论》与政治著作都是基于跟基础—上层建筑模式不同的关于决定问题的前提。这两个场域之间发生了某种断裂，首先它发生在政治层面，在1848年革命的挫败与失望之后，尤其是随着共产主义者同盟的解散，马克思自己也认识到，在诸如《共产党宣言》之类的文本中所提出的阶级之间或者资本与劳动之间的矛盾的断裂节奏不能充分地描述他刚刚所经历的历史。

让我们花点时间看一下《共产党宣言》这部绝妙的著作，它是一部历史预言，而更妙的是，它就像一部音乐作品。它如同恢宏壮观、节奏分明的开场祈祷，提出阶级斗争的节奏和这种斗争进一步尖锐与深化的可能性，召唤人们想象红海持续分离的景象。不论阶级结构有多复杂，阶级斗争将持续分化这种结构，直至最后剩下阶级和阶级的对峙。利益成为结构中矛盾的组成部分，并最终表现在世界上两种阶级的深度对立中，随后是划时代的斗争开始，从这种斗争中将诞生社会主义。但是，作为对于19世纪中期欧洲历史的预言来说，它并不正确。不仅不正确，而且错得离谱。如果当时允许它生效的话（就像后来的马克思主义者的预测与预言被允许生效），那么政治与历史的代价将会是巨大的。正如恩格斯后来所说，他们错把资本主义出生时分娩的阵痛当成了它的垂死挣扎。马克思主义中许多令人遗憾的遗留问题是它仍未摆脱那种误解。有些马克思主义者偶尔也会以科学性的名义预测另一种未能发生的垂死挣扎。一战后就有过一次这样的预言，而且它对于理解社会主义在欧洲出现与存活的方式产生了灾难性的影响。有太多个最后阶段，有太多次垂死挣扎，而对于即将到来的灭亡的预测实际上成了历史判断上的重大错误。把马克思当成预言家，把他的作品当成可以查询明天会发生什么的《资本主义年鉴》只会使马克思主义受挫。如果你把最后残余的信仰倾注给马克思，而他做了一个错误的预言，这只会毁了你的马克思主义；你是在做出一个马克思并未要求你做的承诺。他是一位伟大的思想家，可跟所有伟大的思想家一样，他也会犯错误。他不得不返回并越过《共产党宣言》，不是去否定它，而是去分析他差一点就预测准确的那些事件的实际转折。毕竟，马克思所说的1840年代发展中的资本主义社会中会出现重大的历史决裂也不算错，至多不过就像列宁与其他人所预言的1917—1921年左右欧洲会发生一系列的革命。它们的确发生了。在那个意义上他们不算错，他们错的是关于实际可能发生之事的范围。不过，那不仅仅是历史判断的问题，更是对于所使用的分析工具的判断问题。马克思在《路易·波拿巴的雾月十八日》中重新思考了这些实际的历史事件，它解释了马克思所预言的划时代的1848年革命如何以一位戴着三角帽骑在马背上的男人收场，以及19世纪中期发生在欧洲中心地带的争取自由的那些巨大革命为何最终吊诡地在促进与发展资本主义生产方式中结束。

在讨论《路易·波拿巴的雾月十八日》之前，我想谈一下马克思事业中的第二个断裂场域。这种断裂发生在同一时期，不过是在他为《资本论》做准备的情境下。这是《大纲》笔记（Marx, 1973）的时期，也是他即将进入大英博物馆从事革命，撤退到智识层面进行研究的时期。在我看来，此时他似乎开始与基础—上层建筑模式中的许多预设进行决裂，这一点在《资本论》之前的文本——尤其是1857年《导言》和《大纲》笔记——以及《资本论》中都可以看出来。

1857年《导言》是马克思最详尽的论述其方法的文本，因而非常值得简要地谈一下。虽然马克思仍然认为基础是社会生产关系与生产力之间的关系，但他现在开始关注研究不同的重要组成关系。毕竟，生活的物质生产不仅包含生产；它也包括消费与交换。因而，马克思开始剖析这一基础中的诸成分，而在此之前，它们被视为简单、单一的组合。现在它由各种关系构成，这些关系不仅各不相同，彼此之间的差异也至关重要。如果交换、生产及消费关系各不相同，但它们仍然作为一个整体运行，那么它们不可能成为一个在其中每种关系与其他关系相一致的简单构型。因此，我们需要建立关于这种组合运作方式的概念。既然关系不同，所用的方法就不应太多关注其一致性，而应该关注其差异。同时，还必须要弄清这些不同的关系在何种条件下、如何构成一个整体的运作系统。

同一性关系确实存在，但马克思越来越觉得它们的解释力比差异关系要弱，差异关系使你意识到构成经济的各种关系的不同的节拍及存在条件。也就是说，如果基础由生产、消费和交换关系构成，那么每种关系有其自身的存在条件。它们之中的任何一个环节都有可能发生重要的断裂，每种断裂都可能导致资本主义系统运作的瘫痪。例如，如果劳动力拒绝工作或者为劳动力剥削设置障碍，那么这样的条件会破坏生产系统。然而，当需求降低到人们能够耗费掉生产出来的产品标准以下时，就会出现消费或低需求危机，而不是生产过剩危机。因此，我们能够将这些关系彼此区分开来。当我们着眼于资本主义时，所有这些不同的过程一起运行，不是因为它们是相同的，而是因为它们彼此不同，而且可以相互接合。这暗示了在关于事物如何组合成统一结构的问题上，存在一种截然不同的观念，这种观念区别于马克思早期论述中表现的总体性。这是一种结构的总体性，其中不同的部分各不均衡甚至相互矛盾地彼此相关。在这种总体性中，每种不同的实践有其自身既定的决定水平。因此，马克思必须要从一种关系如何与另一种关系相接合的角度来思考统一性或总体性。

马克思认为，理论并不是既定地存在于所考察的事实中，而是在事实与论据的基础上所进行的推演运作。因而，我们必然要通过观念的形成来进入论据内部。观察、理论化和抽象是不可分离的。同样，理论也决不能不指向现实世界，远非如此。我认为马克思不会拥护阿尔都塞的观点，那种理论实践的观念仅仅基于自身内部论述的逻辑连贯性，而跟它解释特定历史发展的能力并无关系。然而，马克思也不会支持那种认为理论仅仅是概括总结已知论据的观点。在他看来，首先，任何一组历史事件的表象都是复杂、无序、相互矛盾的现象形式或事件。因而，我们不得不借助必要的抽象进入它们内部，我们不得不通过清晰表达的概念与抽象来切入社会生活和历史经验的表象中，结果就产生了他所说的"思维之具体"（the concrete in thought）（Marx, 1973, p.101）的产物，也就是说，理解具体历史事例中真实关系的能力取决于理论的生产和介入。理解历史总要绕道经过理论；这涉及从经验层面到达抽象层面，然后再回到具体。你越接近某一历史时代的具体性的再现，你要考虑的决定层次就越多。

我来举一个例子：生产方式等同于社会生产关系与生产力之间的关系这样的论点是最高层次的抽象。但是，根据要提出的问题，这种抽象层次或许是完全必要的。如果要研究封建时代和资本主义时代的差异，它就是一种有用的抽象层次，因为它能够辨别区分这两者的关键点。那么它们是与分析特定封建社会相关的唯一术语吗？当然不是。如果要探讨任何封建社会或者封建主义的不同阶段，就需要了解更多的信息，也就是说，这种抽象层次是有时间维度的。同样，资本主义生产方式作为一种抽象层次，也与特定的时间段相关——从早期资本主义农业关系的出现一直到现在这个阶段。如果想要了解资本主义时代，可以从生产方式这个常见的抽象概念出发，它可以告诉你有关那个时代的一些特征，告诉你在占有自然的过程中劳动和资本的相互关系，这种关系贯穿了整个资本主义时期。如果想要了解17与18世纪英国农业社会中的资本主义生产方式，那就必须要考虑其他的决定层次。从部分程度上来说，必须补充经济组织中更多的其他决定层次。不过当然了，没有哪种经济生产方式可以独立于政治、意识形态以及法律的关系而单独存在，若不把所有那些决定层次都加入分析中，就无法描述任何特定时期的任何特定社会。

马克思主义研究中出现的有些重大问题就是由对抽象运

作层次的误解造成的。如果想要解释前天出现经济衰退的原因，那么试图从资本主义生产方式的发展始末这样的抽象层面来进行理解是没有意义的。在如此高度的抽象层面中，你没有充分的决定层次来做出针对特定社会的解释命题，它根本无法解释说明特定的社会形态。但实际上，马克思的许多研究都在试图分析资本主义生产方式，他明白这项任务需要他将这一特定概念抽象出来。为此，当他剖析这种特定的抽象概念时，他几乎不得不忽略其他的一切，忽略现实中其他所有的决定要素。《资本论》实际上包含了在不同抽象层面上运作的许多不同的话语。最高层次的抽象，也就是商品的抽象，出现在第一卷的第一章（Marx, 1977）中。谁曾见过商品跑来跑去影响经济？它用来描述马克思所说的"经济的细胞"。我们把这种抽象层次跟《资本论》末尾马克思对1840年代英国工厂法的探讨相比较，就会发现后者与前者并不在同一个抽象层面上；因而你不能对两者做出同样的表述。类似地，在第二卷（Marx, 1978a）中，马克思从不同经济形式中生产、消费、交换的抽象关系的角度描述资本主义，而在讨论特定时期的特定社会时，他则使用与历史更密切相关的因而更加明确的话语，这两种论述显然处在不同的抽象层次上。

在马克思自己的研究中，这些不同的抽象层次之间并没有明确地划分开，但是，这不能免除我们辨识这些不同抽象层次的责任。如果我们不能辨识它们，那么无论在理论上还是政治上，我们都会为马克思主义制造难以克服的问题。也就是在这里，我们提出社会形态中权力与决定作用的复杂组织问题。如果要定义资本主义生产方式，就要描述资本和劳动之间的关系，描述资本的作用：它占有生产资料；它将劳动力置于自由市场上；它剥削劳动力。仅此而已，没别的了。不管资本主义是高还是矮，是黑还是白，是中国的还是美国的，都无关紧要。然而，倘要研究英国特定的资本主义阶级的构型以及这一阶级在历史中演变的特定方式，就必须讨论它如何从其他的社会与阶级构型中浮现出来；必须要追根溯源，分析它如何分离出来并确立自身；必须考察市场交换的早期形式如何开始；等等。当降低抽象层次，就会更加接近特定的、具体的历史构型中的细节，那时就不得不把其他的决定要素引入话语，以便使论点能够站住脚。因此，当马克思说，劳工被给予在文化层面合乎惯例水平的工资以保证劳动力的再生产，他是在高度抽象的层次上论述，并不涉及这种惯例水平是什么。但是，如果想知道任何特定历史形态中这种社会劳动力再生产的性质是什么，怎么能不分析家庭的问题呢？因为，毕竟长期以来，家庭恰恰是文化与社会层面的生产关系再生产发生的场域。同样，如果在资本主义生产方式的层次上研究劳动，那么劳动是黑色、棕色、黄色、红色还是白色，或者它先进与否都不重要，只需要搞清楚劳动在资本主义模式中所发挥的最基本的职能。但是，一旦去询问某种特定劳动力的构成方式在美国和南非的差异，怎么能不涉及强制劳动与非强制劳动，或者不同劳动力阶层中基于种族与族裔差异的劳动剥削方式呢？显然不行。这表明，至少马克思话语中有些所谓的沉默是相关的抽象层次所导致的，而不是说明他认为那些其他的决定要素不重要。我想说的是，谨记以下这点很重要：即马克思的研究对象是在高度抽象层面的资本主义生产方式，这不是他的论述所处的唯一层面，但却是他的理论中非常明确的抽象层次。在这一层次中，他时常不由得暂时排除其他种类的决定要素，而这些要素对于理解真实历史时期的现实社会至关重要。

我并不是要说，马克思建立的资本主义的理论中出现的所有问题都是由对相关抽象层次的误解所导致的。由于这种理论模式在很大程度上是基于资本主义出现与发展的其中一种路径——即在英国的情况，因此，它没有考虑到资本主义被引入的不同方式，比如，通过征服和殖民。如果你对劳动的理解仅限于英国语境中逐渐产生的自由劳动这种形式，那么你没有全面了解资本主义关系网在扩张并遍布全球过程中所表现出来的各种不同形式。在后者的语境中，资本主义并非倾向于削弱、毁坏马克思所说的劳动中特定的当地差异，恰恰相反，社会形态中的趋向是利用、发展并建设这些前资本主义的当地差异，把它们当作现实中资本主义剥削本土劳工、当地社会形态以及本地物质资源的手段。

《资本论》不是一部历史著作，而是一部分析性著作。没有哪种历史可以与之相匹配，如果说有的话，马克思会在那些部分的写作中采用描述特定事件的方式。这就是为什么他说我们必须注意，不要认为他所描述的关系仅仅以一种形式融入另一种形式的透明方式出现，就像一个不可思议的自我维持系统。相反，他承认，他所描述的关系是以血和火的文字被载入现实社会形态和现实人民的真实历史中的。马克思看到了这一点，深知资本主义在英国的兴起实际上是大规模的历史动乱和剥削的结果。不过，以一种简单的语言、一种不涉及详细刻画资本主义最终的或必然的剥削关系的语言，在高度抽象的层次上，对那种情况进行描述是可能实现的，而且在分析层面上也是必要的。这并不意味着，当我们运用马克思的概念，更加近距离地分析具体社会形态的时候，我们要做的仅仅就是把他不予考虑的决定要素一一囊括进来，比如种族、族裔和性别要素，而并不触及生产方式概念。马克思也无意将分析现实社会形态的任务留给其他人。实际上，关于这种分析如何进行的最好范例恰恰就是《路易·波拿巴的雾月十八日》。

《路易·波拿巴的雾月十八日》分析了1848年至1851年之间的法国历史事件。马克思一踏上这种具体的历史事件场域，就采用了跟《资本论》或《德意志意识形态》截然不同的术语。在两种不同的抽象层次上，探讨阶级与政治问题所用的语言也不同。在具体的社会形势层面，所有那些在生产方式抽象层次中不会出现的社会与政治力量开始发挥作用，而且这些力量没有确切的阶级归属：军人、牧师、官吏、律师、作家以及记者。在《路易·波拿巴的雾月十八日》中，报纸被当作现实的人或者政治力量来对待，而阶级本身甚至成了破碎而流动的概念。两大基本阶级——资产阶级与工人阶级——的情况如何？马克思几乎不会谈论它们，而是谈论大地主、工业资产阶级、金融资产阶级、工业无产阶级、农民以及流氓无产者。阶级中存在现实的派别、分部、分支，而这些力量在具体形势的政治分析中举足轻重。在《路易·波拿巴的雾月十八日》中，资产阶级没有占据统治地位，占统治地位的是由资产阶级的一个派别以及在它组织之下的其他阶级派别构成的政治集团。《路易·波拿巴的雾月十八日》所使用的政治语言从来都不是整体阶级统治其他整体阶级的语言。

与《共产党宣言》中的愿景不同，《路易·波拿巴的雾月十八日》是一个关于无产阶级挫败和逐渐被边缘化的故事。可是，阶级和政党之间不再是简单的关系，而是存在着各种各样的政治党派与立场——从制宪国民议会、立法议会，到大众民主制、共和制以及君主制——其中每一种又跟不同的阶级派别有着错综复杂的关系。资产阶级分化成两派，一个派别认为通过君主制可以最有效地进行统治，另一派则支持共和制。而无产阶级在《路易·波拿巴的雾月十八日》中从未作为政治上独立的阶级出现。它不能完全抛弃改良主义，总是与其他阶级有着千丝万缕的联系。它从未占据作为历史阶级的位置，而是不断地跟资产阶级中的派系缔结同盟——先是跟至少相信选举的金融资产阶级，然后又跟另一边。最终，无产阶级成了结束资产阶级不同派别间的战争，并将它们团结起来的唯一事物。而为了反对无产阶级，资产阶级围绕家庭、法律、秩序和财产的语言建立了秩序党。无产阶级则被建构为他者，建构为无政府主义、社会主义、共产主义、共和主义和民主的政党。这就是一种政治场域的建构，其基础是特定的意识形态和象征主义形式。因此，阶级与政治组织之间的关系不能在生产方式的决定层面被加以描述；它需要一种截然不同的分析方式。必须要剖析君主制和共和概念在法国的意义，描述维持不同政治制度的传统，并理解不同的政党如何构建不同的意识形态和一系列不同的口号。不能在政治复杂性的层次上分析一种具体的历史形势——这正是我们多数人在多数时间所做的事情——却又不涉及所有这些问题以及更多其他问题。

不过，我们还是可以提问，既然生产方式决定了一切，影响了上层建筑，那么它怎么才能被重新插入历史论述中呢？让我试着扼要地来整合一下马克思重新将生产方式引入《路易·波拿巴的雾月十八日》的方法。第一点要注意的是，在法国不存在一种单一的生产方式；相反，其生产方式是两种生产方式的组合：一种是正在走上支配地位的资本主义；另一种是衰落中的农民经济。这种生产方式告诉我们资产阶级政治出现的形式了吗？不，它不能明确地规定政治形式，马克思也不打算让它这么做。这种决定作用极其微弱，并且鞭长莫及。我们只能说，它为政治与经济的关联设定了一定的限制，划出了界限，并创造了一些可能性或可能形式，包括一些当时没有出现的形式。除了这些，决定作用在这个层次上并不能兑现。

然而，如果我们转向这一时期争取权力的斗争如何得以解决这样的问题，我们就可以更清楚地看到生产方式的抽象概念和具体历史分析之间的距离。在马克思看来，所有的阶级（派别与联盟）都未能建立稳固的统治，于是法国资本主义生产方式在政治层面被拿破仑所代表。这显然是一种截然不同且令人震惊的关于决定和表征的观点。阶级、大历史集团被一个人物所取代：拿破仑·波拿巴。或许他间接地代表资本主义，因为他代表资产阶级；或许他出生在那里，与他们共享观念与利益。但是，马克思宣称这些问题与之毫无关系，也不能回答拿破仑代表何种阶级力量的问题。相反，拿破仑代表农民，因为继资产阶级反对他掌握政治大权之后，他在农民那里找到了政治基础。尽管农民在法国代表一种旧的生产方式，不能以这种农业生产方式进入19世纪，但是他们愿意支持拿破仑，因为他们"喜欢拿破仑的观念"。然而，如果他不让资产阶级发挥作用的话，他又怎么代表资本主义呢？他发展了国家，而国家只不过是生产关系的一种折射，不过，国家独立于各种不同的阶级。正是国家本身推动了资本主义生产方式的发展，但不是通过代表任何单一阶级的利益，而恰是通过一种公开独立的方式进行运作。正是在这一时期，法国作为国家获得了其持续运转所需的权力；也是在这里开始产生法国国家资本主义计划的遗产，这种遗产使得法国资本主义运作的方式区别于其他地方的资本主义运行方式与机制。

在此，基础与上层建筑之间、阶级与新出现的政治权力结构之间存在某种关系，但是马克思对于它的分析却不是试图直接运用经典的基础—上层建筑模式。马克思实际采用的模式的确给了社会矛盾一席之地，这种矛盾不同于资本与劳动之间的矛盾。这种分析主要基于社会运动、社会群体、联盟和没有清晰阶级属性的集团，然而，有一点很明确，这种分析所用的内在语言毫无疑问是唯物主义的。于是,《路易·波拿巴的雾月十八日》给出了经典的基础—上层建筑隐喻的替代方案，同时也没有放弃这一隐喻所具备的优势。

第五讲

马克思主义结构主义

这一讲我想讨论马克思主义结构主义，更确切地说，是阿尔都塞式断裂。它在文化研究理论的创立发展中是如此重要的一刻，我们必须重新仔细地思考它。它代表了现存范式中的一次重大断裂，然而它产生的结果比其所表明的更加充满矛盾。我无意完整地解读阿尔都塞的作品，而只是把他的一些重要立场与我已经在勾勒的文化研究理论创建路线进行关联。因而，对阿尔都塞的解读会受到我自己的忖度与偏见的影响。

我想从他研究的总体架构出发，这涉及我已经讨论过的文化研究的范式与问题式。阿尔都塞作为重要理论家的地位始于一个节点，在这个节点上，非马克思主义结构主义不仅开始与经典马克思主义的命题交叉，而且与我提及的经典马克思主义理论化建设中的一些问题发生相交和重叠。在我看来，阿尔都塞注意到了马克思主义之外的一系列结构主义理论构建方式，并运用其新进展、概念化模式和公式重新思索马克思主义传统内的若干问题：上层建筑的作用、基础—上层建筑隐喻以及经济与阶级还原主义的问题，他将这两股思想之流融汇成一个极具生成性但并不牢靠的复合体。

在某种程度上，他实现这一点是通过试图表明马克思本人是一个结构主义者,这也是我和阿尔都塞有明确分歧的地方之一。如我先前所述,阿尔都塞所指认的那些马克思的研究与思维方式的特征的确是结构主义的,不过仅仅是因为阿尔都塞这样描述它们。在我看来,说马克思的思想开始朝向结构主义问题式的方向发展,这种观点不仅仅是理论推演的成果,也是政治分析的结果。但有一点也千真万确,我在讨论《路易·波拿巴的雾月十八日》(Marx, 1978b)时也说过,那里的政治实例分析并未得到充分的阐明与理论化。因此,在我看来,阿尔都塞的以下做法是站不住脚的,他坚持有选择地彻底重建马克思的传统,并单单肯定那些他可以论据充分地证明与非马克思主义结构主义相一致的那部分马克思作品。我提及这一点是因为,正是这一点使阿尔都塞满腔热情地将马克思的研究划分为两个阶段,并且认识论的断裂理论使他能够甄别出哪些马克思的思想是真正结构主义的,哪些不是。在区分黑格尔派马克思与后黑格尔派马克思、人本主义马克思与反人本主义马克思的争论中,真正关键的是阿尔都塞对于前结构主义马克思与结构主义马克思的区分。

我对阿尔都塞的解读会聚焦在他的一些要点上,以判定他的研究是否以及在何种意义上基于马克思的研究，并在何种程度上涉及应当得到承认的新思考模式的引入。我这么做不是为了维护马克思主义的纯粹性，而是试图清晰地识别文化研究理论的脉络和影响来自何处。我已经说过，经典马克思主义的基础与上层建筑表述无法给出令人信服又合乎需要的理论化解答，因而人们不得不到马克思主义问题式之外的地方寻找替代性的概念。至于在那之后他们是否选择回归马克思主义并不重要，重要的是他们跳脱到马克思主义之外的事实。在接下来的论述中，我们会看到这种把不同理论传统进行合并所产生的实在而深远的理论结果，我们还应该认识到一系列思想脉络的存在，这些脉络反映了作为独立学术传统的非马克思主义结构主义的连续性和持久性。比如，我认为将福柯的思想视为主要产生于和马克思主义的论战中是错误的。尽管他的确有这样的论战，但他的思路清晰地植根于法国知识分子的理论化模式和对于诸如科学史等的实际考察中，有其自身的思维模式的持续性。

这些反思的重要性在于看到它们将论战的形式转换为结构的马克思主义，因而问题不再聚焦于某一特定文本是否属于"真正的马克思"，由此它们得以跻身马克思主义正典之列。这种通过回顾将传统封印，并把其与特定的文本和立场进行缝合的做法通常将作者置于非常尴尬的境地。例如，普兰查斯（1973）在《政治权利和社会阶级》(*Political Power and Social Classes*)中就力图以最正统的方式提出最异端的命题，呼吁就

"马克思主义传统的看法是什么"达成一项并不存在的共识。我认为，通过声称某一观点已经存在于马克思思想中，进而掩盖其实际路径，将理论演绎乔装成文本解释，这样的做法无济于事。这也是阿尔都塞在《读〈资本论〉》(*Reading Capital*)（Althusser and Balibar, 1970）中运用马克思思想的方式，《读〈资本论〉》不是我最喜欢的阿尔都塞的著作；这也是普兰查斯及其他理论家运用马克思思想的方式。确切地说，我们得把他们的研究视为是在理论化和概念化阐释方面所做的努力。

某种程度上，阿尔都塞这样做的目的是运用前马克思主义结构主义的概念重新对马克思实践的结构主义进行理论化演绎。这种做法逐步深化，终于在他解读《资本论》(Marx, 1977）时变得显而易见，即产生了结构主义的马克思。正是这进一步的举措使得马克思的"结构化"凌驾于其他任何马克思的思想特质，我把它称为马克思结构主义的"强化"。我已经提到了一些阿尔都塞运用结构主义的概念和术语阐明他观念中隐性的马克思结构主义的方式，他认为这样的演绎不是在理论层面，而是在实践层面进行的。这种做法是在思考不同生产方式的差异时，将每种生产方式概念化为一种结构主义的组合。也就是说，有了生产方式中的诸要素，我们通过不同的组合规律将各种生产力以及生产关系进行组合，就可以得到比如封建主义或资本主义生产方式。这种想法为我们提供了一种虽然高度还原但十分有用的抽象公式，让我们能够在理论层面对不同生产方式之间的差异展开思考。我会介绍阿尔都塞重新解读马克思所产生的丰富成果，也会指出他走向极端的时刻，那时，他炽烈的热情遮蔽了马克思许多重要而复杂的洞见。我将在以下三个大范围内展开论述：主体的问题、社会形态的性质和决定论理论。阿尔都塞的意识形态理论则留待下一讲。

阿尔都塞解读马克思时重点关注的其中一个最富争议、最重要、而且我认为最有道理的概念就是"主体的去中心化"。正像我之前讲过的，针对主体和历史的关系，马克思的许多论述都是为了说明，尽管可以认为是人创造了历史，但他们并不是在自己所选择的历史条件中完成这一切的。无论是否愿意，人们总是被安置或定位在一定的社会关系之中。因而，自写作早期起，马克思就坚持主体去中心化的观点。不管是探讨哲学还是人类学的人本主义，他每个阶段思想的中心都是摆脱完全具有施事性的历史主体的观念。虽然"人创造了历史"或"人通过实践创造了世界"这样的观点在一些特定的文本——比如《德意志意识形态》(*The German Ideology*)（Marx and Engels, 1970）——中得到强调，但是这种观点总是从属于一个更大的理论计划，即主体的移置。这样的思维方式和一些结构主义的概念与思维模式之间具有令人吃惊的相似之处，并且拥有一些相同的效果。它与列维-施特劳斯对"人"的废黜异曲同工，也使得马克思分析的首要对象定位在关系与结构上，而不是作为施事者或主体的人。也就是说，《读〈资本论〉》的成果之一，就是认识到我们可以将社会关系与生产方式视为无主体的过程（一个细思令人震惊的命题），这一命题不仅根植于非马克思主义的结构主义，也根植于马克思自己的思想。阿尔都塞从结构主义术语库中提取了一些术语，并生成一些必要的概念来表述这一论点。因此，当阿尔都塞说阶级不过是承担社会关系的当事人，这和马克思关于阶级是被放置在社会关系中的观点并无太大差别。通过一系列与结构主义同源的立场，阿尔都塞建立了关于当事人与结构之间关系的理论。这样呈现出来的马克思实践的主体去中心化理论类似于讲话者受制于语言规则的语言学命题，也类似于列维-施特劳斯关于神话编造者被嵌入神话话语的观点。

这确实是《资本论》论述资本与劳动的关系、资产阶级与工人阶级的关系的常见方式。如果没有对于人类实践的决定性质的强调，就不会有《资本论》。尽管人类实践维持社会结构，但是这些实践受到结构的定位与约束，进而，这种结构层面的关系自身就成了科学分析的对象。然而，我说过，还有一点也千真万确，即：我们得知道《资本论》中的分析是在高度抽象的层面上展开的。而阿尔都塞使用结构主义的概念重新解读马克思的表述，并且区分了其中结构主义与非结构主义的要素，这种做法的结果之一就是将特权给予了这种高度抽象层面，而这种抽象层面更容易和非马克思主义结构主义的运作层次进行拼接。

我要提醒你们，之前我举过的一个例子，这个例子可以说明未能识别《资本论》中不同的抽象层次会导致的问题。作为一本理论著作，《资本论》多数时候是在被马克思称为资本主义生产方式结构的规律与趋向这一层面展开论述的，而不是侧重于确定某些特定的阶级。当马克思在这一抽象层面进行分析时，他认为生产方式的矛盾跟生产力、生产关系之间的客观矛盾有着密切联系。但是当探讨阶级矛盾时，他则从资本与劳动之间的矛盾方面将其具体化。因此这两种矛盾并不重叠。鉴于在不同社会中生产方式有不同的组织形式，生产力与生产关系的矛盾就与特定生产方式的客观可能性相关，这种矛盾隐含了阶级的意蕴。然而，我们不能把这种生产力与生产关系的矛盾还原为资本与劳动的矛盾，更不能将其简单地还原为资产阶级与工人阶级之间的政治斗争。实际上，在马克思描述社会形态中的矛盾时，这些是三个不同的抽象层面。它们之间相互关联；似乎可以相互嫁接。但是却不能被还原为彼此；它们之间不能被简单地画等号。我们可以把不同阶级之间的政治与经济冲突看作是生产力与生产关系之间矛盾的上演和最终化解的表现形式。

阿尔都塞以特定的方式将马克思思想结构化的后果之一就是将绝对特权赋予最高程度的抽象层次。这一层次与另一个抽象层次高度一致，即结构主义能够将特定文化或社会形态的复杂性还原为一个简单的组合或深层结构的抽象层次。然而，无论是分析某一具体的复杂社会形态还是特定的政治和历史时代，仅停留在这样的层面是不够的，因为我们此时所应对的问题不完全是在生产力与生产关系的层面上产生的。即使是在

《资本论》中，当运作于最高抽象层面的主导话语聚焦于某个更加具体的历史事件时，它也会转移到另一个抽象层面。那时它不仅会提及阶级，甚至还会提到阶级中的不同派别。我们发现，在讨论生产方式的产生与变化时，它会采用不同的表述方式，此时在探讨生产方式的抽象层面上被排除在外的一些因素被给予了更大的比重。

例如，马克思对同一件事给出了不同抽象层次上的两种表述版本。在一个版本中，他论述了资本主义生产方式从绝对剩余价值向相对剩余价值的转变；在第二个版本中，他将英国工厂法视为历史性时刻，从此劳动剥削的程度开始受到限制。工厂法有两个方面的作用：一方面，通过遏制资本主义生产的一定趋势，它们使工人运动中的人们现实获益；另一方面，吊诡的是，它们使资本有必要从追求绝对剩余价值转向追求相对剩余价值的替代性方案。第一种高度抽象版本需要在资本创造剩余价值的规律内部描述其分支形式，因而是从剩余价值的形式本身进行表述；而第二种低度的抽象层次则要求对英国社会中从一种形式的剩余价值过渡到另一种的实际历史过程进行分析。对同一过程的这种分析就需要涉及决定的层次、政治机构以及跨越阶级界限的那些群体（比如，事实上工人无产阶级得到了资产阶级成分的支持，确切说是家长式贵族的成分）等等。

现在我们再回到主体的问题，就会发现，马克思立场中有些模棱两可的表述被阿尔都塞当作前结构主义的成分而加以拒斥，但这些表述是在不同的抽象层面进行话语运作的结果。很明显，对马克思而言，在高度抽象层次中发挥作用的见解是：人是社会关系的承担者。而在低程度抽象层次中起作用的观点则是：人创造自己的历史。但是，后一种观点也不意味着回到人本主义的主体，因为它绝不认为作为生产当事者的人类可以透过自己的实践活动看到最终结果。不要忘了，那些工人运动成功限制了延长劳动时间的绝对剥削形式，却意外造成资本主义步入以占有相对剩余价值为策略的另一阶段，这肯定不是工厂改革的本意。所以，马克思关于人的能动性的观点是很明确的，正是人书写了自己实践的结果与作用。但是，在马克思的著作中，由于在不同的抽象层次上会有不同的话语，因此，严格的结构主义意义上人作为社会关系承载者与承担者的主体观是否成立就要视情况而定。

阿尔都塞对马克思的概念框架进行深刻反思的第二个主要领域是在时间和空间意义上社会形态的性质问题。我想从阿尔都塞的反历史主义谈起，这一点在许多方面都引发了重要且持久的问题，比如马克思的进化论模式思想，历史主义者马克思，以及黑格尔哲学对马克思早期、中期和后期思想的影响。当然，阿尔都塞正确地指出，马克思在成熟期的作品，尤其是《资本论》（不过我还是要说这并不是《资本论》中唯一的话语）中进行分析时，基本上采用并强调了共时模式——而非历时或过程式模式。《资本论》并不关心历史漫长的发生顺序，而是关注我们如何在概念上对那些漫长的演化路径进行打断和划分，从而辨别特定的历史阶段与形势。不论在话语的哪个抽象层面，马克思都对这种被阿尔都塞称为"断裂"的非连续性很感兴趣。阿尔都塞正确地看到了这种反对以特定方式将社会总体概念化的关注点。阿尔都塞反对在 E. P. 汤普森和雷蒙·威廉斯的作品中流露出的表现总体论思想，进而将总体概念看作是一个必然且不可还原的复杂结构。阿尔都塞认为社会形态并不是充满同一性与一致性的构造，他指出，马克思总是指出差异与特殊的重要性，这些差异和特殊能使任何试图把总体打造成简单连贯整体的努力化为泡影。还原论的历史主义总体论要么从哲学层面抽象的"人"出发，要么从肯定历史实践中的人出发，阿尔都塞认为这是不可取的，相反，我们应当在某种意义上将社会总体视为必然的、有着复杂构成的整体，既不能把它还原为人本主义，也不能将其还原为历史主义。

我觉得阿尔都塞说得没错，不过，他的重点过于单一，不免片面。尽管马克思强调他的理论是关于资本主义生产方式的规律和趋向，这不代表马克思主义不需要考虑到资本主义并不是经济生活的内在组织结构，它会不断变化，而且这种特定的生产方式受制于具体的历史条件的影响。阿尔都塞仅仅关注《资本论》中的重点理论，停留在最高层次的抽象上，因而，他和比他立场更强硬的追随者们将马克思思想中合理的反历史主义成分改装成反历史主义基本立场，似乎我们真的可以抛弃历史的观念一往无前。这显然并不符合马克思的问题式。

阿尔都塞在反思马克思的社会形态理论时使用的第二个结构主义概念是"层次"（levels），他试图将历史时间中过程式的社会关系移置为一种空间模型。语言也可以如此理解，只要认为它在两个层次上同时运作：一个是感知表象层次，或者说我们实际的言语行为；一个是形式结构层次，从这种结构中可以派生出无限多的言语行为。阿尔都塞在此基础上进一步发挥，使这个模型更为复杂，提出社会形态中包含若干层次：经济、政治、意识形态和理论形式。我还要指出，阿尔都塞将马克思论述中未被理论化的设想建构为理论形式，这种做法是有价值的。我们可以区分以下两点，一是阿尔都塞使用层次概念的方式和他所指认的特定层次，二是他试图通过识别对象概念区分实践的不同形式的做法，这后一点十分重要。例如，我们可以认为政治实践的特殊性基于这样的事实，即它的对象概念是权力集中于国家。尽管政治实践并非与其他实践活动截然不同，但它的具体对象确实可以把它跟意识形态实践区分开——意识形态实践活动的对象概念显然是表征系统。当然，没有哪种政治实践活动可以位于意识形态范围之外，正如意识形态实践活动也不能与政治实践（还有经济实践）没有瓜葛。同样，我们可以说经济实践主要与改变物质事物有关，跟以劳动改造物质对象有关，而这些物质对象自身也是物质劳动的产物。但是，不能说这样表述就代表我们把经济实践认识透彻了，因为我之前说过，生产并不是分析经济关系的唯一必要范畴。至少，生产不包含消费和交换关系，我们还应该指出，经济实践不能离开政治和意识形态实践而单独存在。虽然它们的关系错综复杂，出于分析的需要，我们还是有必要区分不同的实践活动，这些活动强调通过特殊的方式作用于不同的对象概念。

我认为，阿尔都塞借用结构主义的层次概念并将其正确地应用于马克思思想，进而区分不同实践的特殊性，产生了实在的理论成果。以此为基础，我们可以说，《路易·波拿巴的雾月十八日》是一部描述一系列历史事件的著作，它虽然承认经济与意识形态的决定因素，但主要还是聚焦于政治领域。这也是它以我提到过的方式把生产方式插入其话语的原因。当然，这种分析也可以采用不同的方式。比如，在论述时突出对法国资本主义生产方式的分析，即使很明白在那一历史时刻，拿破仑的观念以及各种政体的出现都是资本主义生产方式存在的条件，但并不对其特别关注。每种条件都在远远超出于阿尔都塞的层次概念所示的意义上发挥自己特定的作用。不同的话语表述会突出强调不同的要素：政治的、经济的、意识形态的或者生产方式的——我还是要把生产方式与经济区分开。因此，层次概念能帮助我们理解建立和把控不同文本与话语的方式。但是，我还要说，我并不赞成阿尔都塞划分层次的界限，这些实践层次之间以及内部存在的复杂差异无法被归入阿尔都塞的四个层次中。

阿尔都塞反思马克思主义并有所建树的最后一个主要领域是决定问题，尤其是力图以非还原的方式思考决定论。我之前已经说过，这是一个引发广泛关注的问题。对于这个问题，只是单纯从马克思本人和他的理论化遗产中去寻找答案确实是不够的。当然，这并不会降低他作为理论家的重要性，因为这种重要性并不取决于他必须无懈可击。恩格斯在书信（Marx and Engels, 1934）中指出并承认，这是马克思思想中一个困难重重的领域，不过，阿尔都塞正确地提出，恩格斯未能找到替代性理论方案，未能找到在表述基础与上层建筑的关系以及社会形态中不同实践之间的关系时不落入经济还原论窠臼的方案。对此，阿尔都塞不仅说明了传统阐释方式的不足之处，而且提出了以"多元决定"（overdetermination）与"相对自主性"（relative autonomy）概念为代表的新思考方式。第一个概念"多元决定"在《保卫马克思》（Althusser, 1970）和《读〈资本论〉》中都有提及，其系统性表述则是在《意识形态和意识形态国家机器》（Althusser, 1971b）与《弗洛伊德和拉康》（Althusser, 1971a）中。该术语来自于弗洛伊德，后有雅各布森等语言学家们将其挪用至语言分析领域。多元决定和一系列概念相关，包括弗洛伊德著作《梦的解析》（*Interpretation of Dreams*）（1938）中着力描述的凝缩与移置。弗洛伊德提出，人的想法、症状或梦的象征可能是一系列不同的意义链条凝缩的结果，其意义不像象征的呈现方式那样一目了然。它也有可能是多股精神力量被移置的表现，这种表现被投入象征符号中，其表达意义的方式和那些精神力量通过象征指涉的话语表达意义的方式是不同的。因此，如果一个人反复梦到一个象征，精神分析师不能把单一的无意识成分或过程当作象征的意义或指涉。我们可以把它看作是被多元决定的，即同一象征在不同层面上被多种话语所决定。

当然，鉴于阿尔都塞声称真正的马克思是结构主义的马克思，他需要到马克思主义作品中去寻找这种观念，需要把这种概念缝补或缝合进马克思主义传统。于是，他找到了列宁对1917十月革命的论述，该论述否定了革命仅仅是生产方式矛盾的表现，认为决定它的因素还包括前线士兵得不到鞋子以及俄国社会的整体结构濒临崩溃等。因此，革命的发生部分是因为最深层的结构变动，部分是由于偶然因素。实际上，列宁总结说，伟大的历史断裂通常都凝缩了这两种层次的决定要素。此外，阿尔都塞还在毛泽东理论那里寻找合法性，毛泽东区分了主要矛盾和次要矛盾，将特定历史事件看作是各种不同矛盾作用的结果。最后，阿尔都塞还诉诸马克思和列宁对于政治经济关系的一系列讨论。毛泽东也曾重新运用这一论点来指出，在特定的社会形态与政治历史阶段中，那些不可被直接归于生产方式的实践也可通过某些方式占据统治地位。基于这一点，阿尔都塞提出，中国社会的改变可能正是通过政治而非经济占据统治地位而发生的。而这一概念经过阿尔都塞的运作，改头换面以诸如移置之类的结构主义术语重新登场：即经济领域通过政治与意识形态事件，或者以表现为政治与意识形态事件的方式发挥作用。

阿尔都塞引入的第二个与多元决定密切相关的概念是不同

实践的相对自主性，这也是一个引起广泛争论与质疑的领域。对于相对自主性概念最直接的批评就是，归根结底，它对不同实践关系的表述甚为模糊，在理论层面可谓益处不大。不过，如果我们仔细思考，它确实在着手解决特定的实践、事件或矛盾的特殊性问题。首先，它提出，实践的现实内容并非由该实践之外的经济领域所规定。实践根本不是一个空洞的外壳，其实质由表现或再现于该实践外的经济领域的内容所保证。这就是**自主性**的力量。但是，为什么是**相对**自主呢？怎么不直接说**自主**就行了？**相对**的力量在于，它否认这些实践可以脱离社会生产方式的结构性作用。虽然每种实践有其自身的特殊性，但它们不能跳出社会关系的结构和作用之外。那么这种特殊性包含什么意蕴呢？在某种程度上，它包含这样的事实，即每种实践都有自己特定的形式，和其他实践以及与实践相关的制度有着自身特定的关系。更重要的是，它的特殊性由一个事实所规定，即它对某一特定生产方式的再生产或非再生产起着现实层面的作用，这些作用不能通过还原至生产方式从而被规定或保证。因此，任何实践的特殊性和它特定的作用都跟社会形态通过经济生活得以组织的方式有关，但是它的内容、时间性和变化不能从经济领域直接读取或者衍生出来。以这种形式，相对自主性概念试图在承认多元决定的结构性作用的前提下宣告与还原论的决裂。一方面，它肯定真正的特殊性，用"自主性"一词来表明我们分析的实践与事件具有现实的作用，这种作用不能被还原为由生产方式归于它的作用；另一方面，这种方式可以被用来思考特定实践与生产方式的再生产之间的关系问题。

令人遗憾的是，阿尔都塞对这一概念的详细阐述，尤其是对最后一个问题的概念化运演却再一次强化了其结构主义的边界，因为他最终断言，所有实践、事件和矛盾的内容保证在功能层面与生产方式相一致。归根结底，发生的一切在某种程度上成了生产力与生产关系的表现，而且在确保生产方式的有效再生产这个意义上，它们与生产方式相一致。因此，在《意识形态和意识形态国家机器》(Ideology and Ideological State Apparatuses)一文中，他虽然否认了意识形态是生产方式的简单反映，但他赋予意识形态一项特定的功能以服务于生产方式，即再生产社会生产关系。因此，鉴于在思考过程问题时他依据的是经济基础的"最终决定作用"(Althusser, 1970, p.111)，那么意识形态在相对自主性的自由之地上徘徊一阵子之后，最后必须被缝合或复原到生产方式中去。因此，最终，他对意识形态的论述还是功能主义的。他虽然赋予不同的实践与矛盾独立于经济基础发挥自己作用的能力，但是却断言，最后它们所能做到的不过是确保资本主义生产方式能有效地进行自身的再生产。

我不理解为什么一定要有后一步，使其不可避免地滑入功能主义的领地，或者为什么后者是相对自主性的内在特征。我们可以认为，特定矛盾在任何层面的解决，其结果不能以生产方式为依据，也不能从生产方式中得出，而是远远位于生方式领域之外。它们存在的条件不能被认为直接与生产方式相一致。比如，政治决议可以限制生产方式。马克思对于英国工厂法的讨论就是这种历史事件的典型例证，在这一事件中，阶级（而且不是统治阶级）使用改革的理念与实践对生产方式的特定趋势设定限制。值得一提的是，这种限制发挥作用的方式跟资本与资本家在意识形态层面认识自己利益的方式背道而驰。结果，资本家们拼命抵抗。这种限制发挥了结构性的作用，使得生产方式从一种发展路径移置为另一种，尽管这一结果超出了当时情境中当事人的行动与可理解性范围，但这样的事实本身就是政治斗争得以解决的方式所发挥的作用。不过，这不是能动性甚至不是可理解性的事情，而是结构的作用，它能够改变资本主义生产方式的节奏并改变它的机制。在马克思主义中还有其他的例子：比如，在探讨不同法律体系的重要性以及它们与各种资本主义生产方式的联系时，恩格斯将法国与德国的情况进行对比，在法国，特定的法律体系对于正在进行的再生产及生产方式发展行之有效，在德国则不然。

因此，不管是在经济作为联系与解决的唯一最终原则这一直接传递意义上，还是在所有实践都必然与生产方式自身再生产能力相联系而发挥作用这一更普遍的意义上，我都不认为相对自主性需要复原到经济的最终决定中。我倾向于认为，阿尔都塞的相对自主性概念是一项虽不稳妥但十分重要的理论进展，一次虽显薄弱但非常有用的概念化运演。此刻，尽管我知道它置身于逻辑与理论层面的责难中，我还是不想放弃它。

阿尔都塞在《意识形态和意识形态国家机器》中遭遇的问题正是不假思索接受功能主义的结果，在那里，意识形态总是有效服务于或者被复原到生产方式的支配地位，因为那里没有矛盾的容身之所，也就没有矛盾的可能性，具体的斗争现实更是连个影子都找不到。为了应对那些认为自身意识形态立场在矛盾场域中可以发挥现实作用的人们所提出的现实质疑，阿尔都塞才在文中添加了关于斗争可能性的脚注。原文中关于斗争与矛盾概念的缺场是"再生产"概念面临的危险之一。不论是否在马克思主义的框架内进行思考，这种"再生产"概念都把我们引回到那种没有争议、没有矛盾的方式中，随着时间的推移，社会形态总是以这种方式在基本的结构和组织中反复地生产自身。

在《读〈资本论〉》中，阿尔都塞针对非还原的决定论问题给出了不同的解决方案，我认为这个方案在理论层面更具说服力和内在连贯性，但是却不太有效。结构因果论涉及与我们之前所见类似的结构主义的强化，只不过这次强化的对象是多元决定概念。在多元决定概念中，以公开方式轮番上阵的各种矛盾与实践突然被归入它们固定的层次中，这些层次不再相对自主，而是具有很大程度的绝对性。尽管它们有不同的时间性，矛盾也有其自身的源头与不同过程，但是最终经济决定哪个层次占主导地位，这一事实规定了那些实践与矛盾跟经济基础的最终决定之间的关系。于是，经济只是通过决定哪个其他层次上的实践在实际中占据主导地位来发挥决定作用。

由此，继列维-施特劳斯之后，阿尔都塞将多元决定概念所描述的作用移置（比如从经济的移置到政治的或意识形态的）转变为不同实践之间等级关系的结构主义模式。经济的决定只是一种决定等级秩序的形式运作，而那三个层次的实践——意识形态的、政治的、经济的（尚不清楚生产方式是否包含在此组合中）——都保持着相当自由的浮动状态，无论哪个层次占据主导地位，都具有更大的独立性，并形成自己独特的行为与作用机制。

结构因果论确实比相对自主论更具连贯性，它体现了完美的结构主义阐释法的优雅性与简明性。但是它无法解释经济到底是怎么运作的，它如何能做到把主导权分配给，比如说宗教，然后又把宗教搁置一旁，转而将另一实践推上宝座。认识特定历史事件或时期的问题也被并入这个模式，此处的决定论纯粹是形式上的，是一种模式的决定论。因而，虽然这个模式在思考决定论的问题时取得了重要的进展，但是通过强化结构主义的边界，它似乎用理论模式的形式自主性取代了具体问题的具体分析，而这也将我们引向阿尔都塞的理论实践概念。

阿尔都塞对理论的理解始于科学与意识形态的区分。这个对阿尔都塞至关重要的区分，部分程度上产生于他试图为"科学"马克思的存在辩护并找到分界的起点，部分程度上产生于他阐明并反对一些理论模式的努力中，那些理论模式一方面造成了马克思主义的现实问题，另一方面产生了对他来说不充分的马克思主义版本。也就是说，理论实践概念的接合反抗非结构主义的理论模式。它反对经验主义立场，经验主义主张通过对经验层面观察到的实例与范例进行概括来建构理论；它也反对历史主义立场，历史主义主张理论是社会形态中现实关系发展的结果，因而不同的社会形态会产生不同的理论范畴系统。这种区分在《读〈资本论〉》中得到了充分的表述，并引出了以下观念，即存在一种特定的、实际上完全独立自主的理论实践。

阿尔都塞认为他的理论实践概念基于马克思论述方法论的文本：为《政治经济学批判大纲》所写的 1857 年《导言》（Marx, 1973）。不过正如他对待马克思的其他文本与观点的方式一样，阿尔都塞将马克思的理论模式进行了结构主义式的强化。在 1857 年《导言》中，马克思提出了关于理论尤其是非经验主义理论化模式的重要而清晰的纲要。他否定以下观点，即我们可以从观察现实世界的一系列现象出发，将其分门别类，进而得出用来思考它们的理论范畴。相比之下，马克思认为，如果我们选取经验历史现实的一个侧面，那么我们要解释的这些不同现象起初在我们的思想中将呈现为一团混乱，充满了不同的阐释、定义、历史暂时性等。在我看来，阿尔都塞正确地指出，马克思坚持认为只有当我们带着属于理论范式中明确提出的概念进入那看似天衣无缝的现象之网（这现象之网正是汤普森和威廉斯的起点）时，我们才能够建立关于现象的理论。我们要认真打磨与经验材料相关的概念。只有这样，我们才能把经验材料分解成适当的形式,以便建立充分的概念与理论。这是必要的抽象,也如马克思所言,是头脑可以运作的唯一方式。头脑的运作不外乎就是制作、使用和改进概念系统,使其能够深入历史现实厚重的经验主义表象深处,并产生马克思所说的"思想具体"(1973, p.101)。思想具体不是我们开始时遇到的经验材料,而是在更多层面上添加了决定要素后,我们在话语试图运作的任何层面都变得更加具体,于是那些材料在概念层面被得以阐明。正是以这种不可否认有些粗略的方法,马克思在把它跟社会关系相接合的情况下思考理论的重要性,这与那种认为首先正是概念范畴产生了社会关系的黑格尔哲学思维方式截然相反。

阿尔都塞的理论实践概念充分地关注理论建立伊始的时间,并主张有必要跟概念产生的经验社会关系决裂。然而,理论实践的独立自主性意味着其又滑向了理论范畴产生社会关系的立场。于是,在很大程度上,起初要解释的关于概念系统与社会现实的关系问题被归在了从属于理论概念之间关系的次要地位。在某种程度上,通过转向认识论的形式,概念与理论系统得以建立,而这种概念化与理论化反而比解释社会与世界的能力更加享有特权地位。在那一点上,我认为这样评论阿尔都塞的理论概念也不无道理,即他的理论概念及其他概念在对马克思思想进行结构化阐释的过程中,拣取发展了一些我们之前没有看到的重要思想,然而却通过强化的结构主义概念化的方式,走向了本质上的唯心主义立场。

那些曾经运用阿尔都塞理论的人尤其符合这一走向。阿尔都塞对于未能认识到确立理论体系之时的特殊性与重要性的常见理论化形式提出严厉的批评，而许多人则用这一论点大做文章，直至主张理论或话语产生现实。对于这些理论来说，理论或话语产生现实的机制或许各不相同，但有一点不变：正是概念、理论与话语范畴产生了现实；这些范畴（以及它们真正产生的东西）与实际的历史存在之间则隔着难以闭合的鸿沟。这也是许多当代话语理论所采取的认识论立场，我认为它所产生的理论构想在重要层面上是非马克思主义的，下一讲我还会涉及这一问题。当然，我不会荒唐地说1857年《导言》充分正确地表述了理论与现实的关系；其中还有许多空缺与问题未能纳入确立理论体系的理论中。但是，我想说，《读〈资本论〉》中提出的独立自主的理论实践已经滑到了马克思主义的问题式之外。从认识论层面来说，马克思主义在某种情况下确实不得不思考的那些理论的新进展与概念或许比在马克思的著作中能找到的那些更加实际与充分。然而，只不过这些理论阐述与马克思著作中的阐述（不论是马克思对概念化的说明还是他对理论的运用）迥然不同。

不管我们与马克思主义的关联如何，在思考文化或文化理论的论争时，我们都不可能置身于阿尔都塞理论介入所产生的深远影响之外。从这个意义上来说，这个领域中的大多数人都属于后阿尔都塞主义者，必须考虑理论问题式中已经产生的断裂。阿尔都塞改变话语走向，转换术语系统，分解概念制定形成的过程，从而发掘出隐藏在马克思话语中的人们不曾留意的秘密。迄今被认为理所当然的那些对于黑格尔哲学、历史主义、经验主义及本质主义的异议最初正是由他提出的。不管他的研究是出于崇拜进行的挖掘，还是试图寻找"真正"马克思所做的努力，这些研究产生了真正的变革。阿尔都塞正确地指出，把马克思规定为历史主义者与人本主义者是对马克思严重的歪曲与贬低。虽然他运用的许多概念并非出自马克思主义的问题式，但通过这一系列的概念，阿尔都塞对马克思的一些理论阐述进行了说明，把马克思话语中的某些部分与其他部分进行区分，并将其转变为更具理论严密性的表述立场，他指出，这些立场在马克思那里不一定被清楚表明，但确实以某种模糊、混乱与非理论化的方式存在。在任何人看来，这都是一项重大的理论贡献。这些概念的声音余音绕梁，我们即使看到其逻辑上的非纯粹性，却仍然禁不住久久思索回味。这是一种断裂（break），不是从意识形态到科学的断裂，而是从"不怎么好的思考"到"更好的思考"的断裂。

然而，在阿尔都塞式断裂造成的结果中，上述的正面成果有多积极，其负面后果就有多消极。阿尔都塞公然在马克思主义问题式之外选取了形成于其他话语领域的概念，并将其运用于马克思的问题式和话语中，他试图从这种全新的理论化视角理解马克思的话语，并对马克思思想中的问题式要点给予极其正面的重新说明。我们得承认，他不断进行建构的结构主义马克思形象不过是他自己的产物罢了。我一再强调阿尔都塞所指认的马克思实践的状态中存在的结构主义强化，我认为这种结构主义强化从《保卫马克思》到《读〈资本论〉》得以逐渐明显地表现出来。此外，阿尔都塞的论述能够奏效，很大程度上是通过制造一种马克思主义的护身符，这样理论上的争端便可以通过将其定位在"真正"马克思或者"虚假"马克思的立场而得以解决。他理论的运作是通过认识论层面决裂的划分，即把马克思的思想划分为黑格尔派的和非黑格尔派的，前结构主义的和结构主义的。它不光是一种不恰当的文本解读方式，在认识论层面的问题式的纯粹性方面，它也绝对不是一种充分的理论化构想，因为它否定了那些艰辛却必要的斗争，即为了在"好的和坏的观念"之间，或者更常见的，在"不怎么好的"与"更好的"以及"相当不足的"与"无药可救的"观念之间拼出一条路而进行的斗争。通过将理论还原为内在观念系统的连贯性与文本特权问题，阿尔都塞给理论主义创造了机会，理论主义把特权地位赋予逻辑与认识论的严格性，不惜以牺牲思考思维如何与社会关系相联系的难题为代价。阿尔都塞主义哲学创造了以几乎牺牲一切为代价换取理论严格性的话语，创造了基于绝对的非此即彼的学术研究的观念。如果你论述时没有一系列充分正确说明的概念，那么你在理论上只能是一头雾水。如果没有规定一套理论装备，那么对任何现实事件与区域的研究只能得到虚假的具体。要么你在完全的结构主义场地中建构理论，要么你还停留在人道主义、经验主义与本质主义的地带。这似乎在被 E. P. 汤普森叫作"思想监控"的领域内形成了理论恐怖主义的时刻，也吊诡地为危险地退回到经验主义制造了可能性。对于那些无法恰当思考的人来说，若要继续研究，他们似乎别无选择，只能撤出多元决定与相对自主性这种艰深的领域，转而从事具体经验的研究。即使不能将复杂矛盾的关系进行理论化，有些人还是将福柯或葛兰西的理论作为返回具体领域的依据。

很遗憾，正是阿尔都塞的理论主义虔诚和理论政治的中心地位产生的特定影响，使得汤普森（1978）形成了《理论的贫困》中的观点。那时，有许多人与阿尔都塞主义进行斗争，成功脱离深陷其中的危险，同时他们反对像汤普森那样以完全反理论的方式复兴理论，他们也像我一样强烈反对汤普森的以下做法，即试图否认阿尔都塞主义哲学的存在及其著作，否认一种真正的突破已然产生。汤普森实践呈现的是最极端的阿尔都塞主义哲学的镜像，它与阿尔都塞立场正好相反。同时，它恰恰是以同样的方式进行论战：恐吓人们离开一定的理论空间，告诉你：如果你在阿尔都塞的论域中进行思考，那么你就真是个斯大林主义者！在汤普森看来，阿尔都塞主义哲学（及其后果）不允许人们对任何经验现实进行表述，在某种程度上，这保护了阿尔都塞理论，因为如果它允许人们跟具体的社会现实打交道，人们会发现它是错误的理论。汤普森的彻底拒绝引发了许多人反抗阿尔都塞主义哲学，反抗那些他们本可以从中受益并加以运用的思想。倘若不是因为如此不屑一顾的态度，《理论的贫困》就不会像现在这样成为倒退的文本。

那并不是《理论的贫困》成为现在这样的唯一原因。除此之外，还有其他一些或公开或沉默的原因可以解释，为什么是汤普森而不是其他人对阿尔都塞发起进攻并描绘他的理论镜像。1956年赫鲁晓夫于苏共二十大上揭发斯大林主义并试图确定非斯大林主义共产党传统，后来，匈牙利革命爆发，在此之际，汤普森选择与共产党的斯大林主义决裂。他会说他在和平时期所从事的工作，即探索在铁幕两边进行社会主义实践形式的可能性，不过是早期左派工作的延续。1956年之后，拒绝与斯大林主义传统决裂的欧洲政党之一就是法国共产党，它成了西欧最具斯大林主义风格的政党，而该党的核心知识分子成员之一就是路易斯·阿尔都塞。

汤普森1956年的决裂是打着人道主义、人道主义马克思、历史主义马克思、政治能动性的马克思等名义，这些也是他作品中的典型变化特征。对于历史主义者和历史学家来说，令他们不能接受并深感冒犯的是阿尔都塞将主体去中心化的尝试。毕竟，《英国工人阶级的形成》（Thompson, 1963）全部的工作正是要恢复"人"（主要是男人）的地位并为之代言，那些人的能动性与斗争在既定的历史与过去的叙述中遭遇了忽视，而他的研究在某种程度上正是为他们所做的见证。因此，汤普森费尽千辛万苦创作了《英国工人阶级的形成》，却被人用另一种语言（尽管不是在另一抽象层面）告知，他笔下的织袜工和工匠激进派不过是资本主义社会关系的承载者与承担者，这种社会关系早在16世纪的某个时候已经在静候他们了，这样的模式对汤普森的研究范式的确造成了巨大的打击和破坏。

汤普森围绕左派运动与政治的工作一直持续到1960年代初，不过之后《新左派评论》转变了方向，他将其视为早期左派关于人道主义共产主义与人道主义马克思主义的工作被打入冷宫的时刻。"新的"《新左派评论》开始了理论方面的重大介入，实际上，在大约十年后的版面上第一次将阿尔都塞引入英国的政治与理论界。那时，阿尔都塞不仅以有别于原斯大林主义的立场质询经典马克思主义传统，而且脱颖而出被新一代左派奉为知识与理论界的典范，并且他一路前行直达标识反人本主义的地带。因此，1960年代后期和1970年代开始的政治事业越来越多地在主要由阿尔都塞规定的空间中进行，并引发了一系列主张彻底反人本主义的政治运动。正是在这个意义上，汤普森在《理论的贫困》中认为，阿尔都塞主义传统不仅与他自己研究的重心与要点针锋相对，而且作为一项政治事业，它正是在原本属于他的政治事业空间中发展壮大。这就是为什么在某种程度上，汤普森认为自己在和阿尔都塞与反人道主义进行一场个人的战斗。这是实力悬殊的两种马克思主义传统之间的对峙，这两种由于历史原因相互交织的传统逐渐发展到针尖对麦芒，变成了非此即彼的绝对相排斥的选择。不过，阿尔都塞主义者在希望学习他们理论的人们面前，同样表现出要做出相反的非此即彼的选择。或许，脱离这种逻辑的唯一途径就是认识到，在评论阿尔都塞哲学的时候，我们不可能不提及它正面以及负面的作用，它的独创性为无数其他理论的建构提供了沃土，同时也留下了理论与政治实践的变形那样令人遗憾的理论遗产。

在这一讲最后，我想对阿尔都塞与经典马克思主义决裂后所取得的理论成果做一些反思和总结。阿尔都塞说服我相信马克思将构成整个社会的关系整体——马克思的"总体"——概念化为一个本质上错综复杂的结构，而非一个简单的结构。因此，这个总体的不同层次——经济、政治、意识形态（阿尔都塞会划出这一层次）——之间绝非简单或直接的关系。这样一来，那种简单地根据社会经济组织中的某一支配性原则（比如：生产方式）来解读不同社会实践层次上的不同社会矛盾，或者从实践之间一一对应的方面来理解社会形态不同层次的观念不仅毫无用处，而且也绝非马克思最终创建社会总体概念的方式。当然，社会形态是复杂的结构，并不仅仅是因为结构中的一切要素都相互作用——这是属于传统的、社会学的与多因子的方法，并不规定优先性。相反，社会形态是"结构占主导的"。它有一定的不同趋向，有一定的配置，有明确的结构化体系，这也是"结构"一词重要的原因。只不过，这是个复杂的结构，不可能轻易地将结构中的一个实践层次还原为另一个。反抗马克思主义意识形态理论的经典解读中的还原主义趋势的工作也进行已久。实际上，正是马克思与恩格斯启动了这项修正主义工作。而阿尔都塞则是针对这个问题建构现代理论的关键人物，他明确抛弃旧的公式，并提供了大体上位于马克思主义问题式之内的替代性方案。不论我们现在多么想批评与修改阿尔都塞突破性成果的表达,这都是一项重大的理论成果。

阿尔都塞对理论发展的另一贡献是,他使我们深入到"差异"内部,并习惯与"差异"相处。阿尔都塞与马克思主义一元化概念的决裂意味着,我们需要建立关于差异的理论:认识到出自不同源头的不同社会矛盾的存在;认识到推动社会过程的矛盾不一定出自同一领域,也不一定产生相同的历史作用。我们要思考不同矛盾的接合,考量它们这般变化时的特殊性与持续时间,还要顾及它们运行的不同形态。我认为阿尔都塞正确地指出,许多杰出的马克思主义理论家都固守一元化观念,他们以复杂性为由可以久久地把玩差异,前提是要确保,再往前走便是通向统一性的道路。不过,我们在《政治经济学批判大纲》(Marx, 1973)的 1857 年《导言》中就已经发现对这种延宕的目的论的指认。比如,其中马克思提出,当然,所有语言都有一些共同点,否则我们就无法将它们归为同一种社会现象。但是当我们提出这一点,我们其实涉及的只是**非常**一般的抽象层面:"一般语言"层面,此时我们的研究才刚刚开始。更重要的理论问题是各种语言的特殊性和差异,在具体分析中考察特定语言与文化形态的各种规定以及使它们彼此区分的特定方面。

然而我还要说,阿尔都塞使我们以一种特定的方式思考"差异",这与后来那些时不时致敬理论源头的传统不同。如果我们着眼于话语理论，比如说后结构主义或福柯，我们不仅会发现从实践到话语的转移，而且会发现，那些理论对于差异——话语的多元性，意义的永久延迟与能指的无尽滑动——的强调程度如此之高，以至于不能对复杂统一体的不平衡性或者复杂结构"差异中的统一"进行理论化。我觉得这也是为什么每当福柯似乎面临要将事物整合（比如他所描绘的许多知识型转变跟法国古今政治制度转变之间的巧合）的可能时，他就匆匆向我们保证，没有什么是与其他东西相符合的。这种强调即使不是在理论层面绝对地拒绝统一性，也涉嫌总是避开任何可能的结合。我认为只能用这种方式来理解福柯关于国家主体问题意味深长的沉默。当然了，他会说他知道国家是存在的；哪个法国知识分子不这样想呢？但是，他只能将其设想为一个抽象、空洞的空间——作为古拉格[①]的国家——一个同样抽象的抵抗概念的缺场／在场他者。他拟定的方案是，"不仅是国家，也是分散的权力微观物理学"；可他的实践却总是优先后者而忽略国家权力的存在。

当然，福柯十分正确地指出，许多马克思主义者把国家看作某种单一的对象；也就是说，他们简单地将国家视为统治阶级委员会的统一意志，无论它今天的办公地点在哪里。这必然会衍生出把一切"连结在一起"的观念。我赞同我们不

[①] 古拉格（Gulag）：苏联劳动改造营管理总局，1930年至1955年间苏联的劳动营系统。——译者注

能用这种方式思考国家。国家是一个充满矛盾的构型，这意味着它有千差万别的行为模式，其积极活动遍布许多不同的场域：它是多中心与多维度的。它虽然有不同且显著的趋向，但是没有被规定的单一的阶级属性。另一方面，在现代资本主义社会形态中，国家是各种政治实践被凝缩的关键场域。从某种程度上来说，国家的功能就是将一系列涉及不同领域中权力传递与转变的政治话语和社会实践整合或者接合到一个复杂构成的层域中。不过，有些与政治领域本身关系不大，而与其他领域有关的实践也会被接合到国家概念中——例如，家庭生活、市民社会、性别与经济关系。国家属于凝缩功能运作层域，它将不同实践的交叉部分转变为社会内部关于规章、规则、准则和规范化的系统性规范实践。国家压缩不同的社会实践，并将其转变为管辖特定阶级与社会群体的统治与支配功能的运作。这种概念化的方式不是用作为对立面的统一来取代差异，而是从接合的视角重新思考两者。这正是福柯拒绝踏出的一步。

我认为，"接合"（articulation）指的是在一定条件下将两个不同要素组成一个统一体的连接或链接形式。这种链接并非一直都是必然的、被规定的、绝对的以及本质的；它也并非必要而既定的生活规则与事实。它的出现要求特定的存在条件，所以，我们有必要提问，一种连接在何种情况下会发生或形成。所谓的一种话语的统一实际上是不同的、相异的要素的接合，这些要素可以通过不同的方式重新被接合，因为它们并无必然的"归属"关系。一种接合要由特定的过程进行有效的维持；它不是"永恒的"，而是不断被更新。在某些情况下，它会消失或被颠覆（解接合 [disarticulated]），导致旧的链接被消解而新的连接（再接合 [rearticulations]）被形成。同样重要的是，不同实践的接合不意味着它们变成了同一体或者一方融入了另一方。每一方都保留自己不同的规定和存在条件。然而，一旦接合发生，被接合的两种实践可以一起运作，不过它们运作时不是作为"直接的同一性"（马克思1857年《导言》中的语言），而是作为"差别中的统一体"。这样说来，接合理论是一种"非必然归属"的理论，它要求我们思考不同社会实践与群体之间偶然的、非必然的连接。

因此，我们不能仅仅从"差异"——德里达解构理论的战斗口号——的角度来说明阿尔都塞理论成果的特征，而是需要同时思考统一**和**差异，思考**位于**复杂统一体中的差异，不能受制于差异本身的特权地位。如果德里达关于能指永久滑动与连续差异的论点是正确的，那么以下论点也是正确的，即如果没有任意的"锚定"或接合，也就不存在任何意指或意义。意识形态不正是通过选择与组合进行等价物链条的建构，从而将意义进行"锚定"的吗？这就是为什么我不选那个原拉康式、新福柯式、前德里达式的阿尔都塞文本《意识形态国家机器》，而是提出他的另一作品《保卫马克思》(*For Marx*)的原因。虽然《保卫马克思》有诸多不足，在理论上也不够周密，但是在我看来，它更富生成性与原创性，或许是因为它的试探性的原因；尤其是其中的《矛盾与多元决定》（On Contradiction and Overdetermination）一文，在拒绝还原为简单统一体的前提下思考复杂的多种决定作用。（比起更完整、更具结构主义特质的《读〈资本论〉》，我向来更喜欢《保卫马克思》，不仅因为我对《读〈资本论〉》中整个隆隆运转的斯宾诺莎主义、结构主义因果论机器表示怀疑，而且因为我对"最新的"一定是"最好的"这种时髦的知识分子想法心存偏见。）

在此我不关心《保卫马克思》绝对的理论严密性；或许有理论折衷主义的风险，但是比起"严密却错误"，我更倾向于"正确但不严密"。通过让我们思考决定的不同层次和形式，《保卫马克思》做到了《读〈资本论〉》未能做到的事情：能够对真实历史事件（1917），或者特定文本（《德意志意识形态》），或者被不止一种结构所决定的特定意识形态构型（人本主义）进行理论化，也就是说，思考多元决定的过程。我认为矛盾和多元决定是涵义非常丰富的理论概念——属于阿尔都塞对弗洛伊德和马克思的巧妙"借鉴"。在我看来，阿尔都塞自己对它们的运用也并没有详尽无遗地覆盖其所有涵义。

差异与统一的接合涉及以一种不同的方式对重要的马克思主义决定概念进行理论化。对马克思主义意识形态理论有着重要影响的一些经典的基础—上层建筑提法代表了思考决定论问题的某些方式，这种方式本质上基于社会形态中的某一层次与另一层次必然一致（necessary correspondence）的观念。他们觉得，不论是否有直接同一性，那些政治、法律的、意识形态的实践迟早**会**遵从被错误地称为"经济的"要素，并被引入必然的一致性关系中。然而现在，正如在晚期的后结构主义理论建构中的时尚必备做法一样，人们撤出必然一致性的领地，并且在哲学层面像常见的那样势不可挡地一路滑行至其对立面，即省略部分音节，听起来几乎一样，但实质上大相径庭的"必然不一致"（necessarily no correspondence）的声明。最成熟的后马克思主义理论家之一保罗·赫斯特（Paul Hirst）（1979）就曾为这种具有破坏力的**滑动性**（glissance）添砖加瓦，使其极具分量与权威。"必然不一致"观念正是表达了没有什么是相互连接的观点——这种观点对话语理论至关重要。即使对特定话语构型的分析不断揭示出，一套话语可以覆盖或滑行至另一套话语中，一切似乎还是悬停在措辞强硬的"必然不一致"原则的重申之上。

我不接受这种简单的颠倒。我认为，我们可以看出来的是**非必然一致**（*no necessary correspondence*），这是截然不同的观点；而且这种提法代表了第三种立场。这意味着，没有什么法则可以保证一个阶级的意识形态已经明确地既定于该阶级所持的资本主义生产经济关系立场中，或者跟这种立场相一致。"无保证"的主张与目的论相违背，也意味着非必然不一致（no necessary noncorrespondence）。也就是说，不能保证意识形态与阶级在任何情况下都不会以任何形式接合在一起，或者形成一种能够暂时在阶级斗争中有意识地"统一行动"的社会力量。基于实践与斗争开放性的理论立场所必然产生的结果之一就是接合理论，这种接合理论的依据是**效果**不一定与起源相一致。更具体一点说：例如，特定社会力量在1917年俄国事件中产生了实际介入，而这并不要求我们要么认为俄国革命是整个俄国无产阶级团结在统一的革命意识形态中（显然不是）的产物，要么认为构成介入事件社会基础的工人、农民、士兵与知识分子联盟（接合在一起）的关键性质是由他们在俄国社会结构中被规定的地位与立场和他们必然具备的革命意识形式所保证的。不过，1917年革命的确发生了，正如列宁出乎意料地注意到："只是因为两个**完全不同的**潮流，两种**完全异样的**阶级利益，两种**完全相反的**政治倾向在当时那种异常奇特的历史形势下汇合起来，并且是十分'和衷共济地'汇合起来了。"（引自Althusser, 1970, p.99, n.19）正如阿尔都塞在《保卫马克思》中所言，这指出一个事实，即倘若一种矛盾要"在最大意义上'积极'作用起来并成为革命爆发的起因，必须有一系列环境和'潮流'的积聚，不论它们因何产生或有何意义……它们最终'汇合'成为促使革命爆发的一个统一体"（1970, p.99）。切实明智的政治实践理论一定旨在促使或建构一种接合关系，这种接合关系发生在社会的或经济力量和那些历史中逐步在实践中引发实际介入的政治与意识形态形式之间——这种接合只能通过实践进行建构，因为它不能由事先确定的力量构成方式的规律所保证。

因而，这种模式与传统立场相比更加具有不确定性、开放性和偶然性。它告诉我们，不能从一个阶级或阶级中的派别在社会经济关系结构中所处的初始位置来"读取"其意识形态。但是，它也拒绝认为，阶级、阶级中的群体或其他社会运动不可能通过不断发展的斗争实践和一些政治与意识形态形式相接合，正是这些政治与意识形态形式使其成为作用于历史的集体社会当事人。"非必然一致"所实现的主要理论逆转是，将决定作用从阶级或其他社会力量在结构中的基因性起源转移到一种实践的影响或结果。因此，我支持阿尔都塞思想中保留了"结构"与"实践"之间双重接合的那些部分，而不赞同《读〈资本论〉》或者普兰查斯（1973）《政治权利与社会阶级》的开篇中完全的结构主义因果论。在我看来，"双重接合"（double articulation）是指结构——存在的既定条件、在任何情况下决定要素的结构——也可以从另一个角度被视为先前实践的结果。我们可以说，一个结构正是先前结构性的实践所产生的结果。然后，这些又构成了作为新一轮实践必然出发点的"既定条件"。无论在哪种情况下，我们都不能把"实践"看成是有明显意图的：我们创造了历史，不过是在并非出自我们的既定条件的基础上创造的。实践就是结构被积极再生产的过程。然而，我们对实践与结构这两个方面都要思考，以防落入仅仅将结构视为内部自我驱动的结构主义机器的陷阱。"结构"与"实践"的结构主义二分法——正如与之相关的"共时"与"历时"——对于分析工作非常有用，但是不应该被顶礼膜拜，以至于变成彼此排斥的严苛区分。

我们再来深入一点思考这个问题，不是思考必然性，而是思考社会群体、政治实践和意识形态构型之间发生接合的可能性，结果就是，这种接合**可以**产生未被资本主义生产方式的结构与规律所规定和担保的历史断裂和转变。但是，这也不应该被理解为以下观点，即我们在社会关系结构中所持的位置不会促使产生一定的趋向。我们不能从承认实践的相对自主性（从其作用的角度）滑向崇拜实践的立场——就像许多后结构主义者在毛泽东主义领域短暂停留后便滑向了时髦的法国右派"新哲学"。结构会展示趋向——力量路线、开端与结束——这种趋向能够约束、塑形和引导，在这个意义上讲，它是有"决定"作用的。然而，它们不能在绝对保证这个更强硬的意义上起决定作用。人们并非不可撤销、不能消除地被规定自己**应该**具有什么想法和政治立场，就好像这些已经刻在了他们的社会学基因上。因而，问题不在于揭示某些不可避免的规律，而在于**链接**（*linkages*），虽然这些链接可以发生，但并不是必然发生的。阶级并非像普兰查斯所生动描述的那样，会背上挂着号码牌出现在被规定好的政治地位上。通过构建将差异接入了集体意志中的实践理论，或者通过生成凝缩一系列不同内涵的话语，不同社会群体实践的分散条件**能够**以特定方式有效地得以汇集，从而使那些社会力量不仅"自身"作为一个阶级置身于无法控制的整个社会关系中，**而且**能够作为一种历史力量、一个"为了自身"的阶级去成就崭新的集体谋划。我认为，这些就是阿尔都塞着手启动的富有生成性的理论成果，我把这些基本概念的转变视为巨大的理论革命。

第六讲

意识形态与意识形态斗争

在这一讲，我想重新思考意识形态的性质和在意识形态场域上斗争的可能性。我会以迂回的方式进入这一问题，为此，我要返回阿尔都塞并考量他对重建意识形态概念体系所做的贡献。尽管我有不同意见，但是阿尔都塞与经典马克思主义的决裂在意识形态问题上打开了一种全新的视角，也让我能够重新思考这一问题。

阿尔都塞的意识形态批判遵循了前一讲中勾勒的他对经典马克思主义问题式一般立场的批判路线。也就是说，他反对阶级还原论的意识形态理论——这种观念认为社会阶级的意识形态立场一定跟它在社会生产关系中的立场相一致。这里，阿尔都塞是在批评人们从马克思主义意识形态理论的开创性文本《德意志意识形态》（Marx and Engels, 1970）中获得的一个重要见解：占统治地位的思想总是与统治阶级的立场一致；统治阶级作为一个整体，其头脑中的观念构成了特定的意识形态。这里面的难点在于，它未能使我们明白，为什么在现实历史情境中，我们实际所了解的统治阶级会持各种不同的意识形态，或者还会从一种意识形态转变为另一种。它未能告诉我们，为什么在**所有**主要的政治形态中，围绕着用来确保统治阶级利益的适当"观念",都会存在内部斗争。它也不能使我们理解,为什么在许多不同的历史社会形态中,被统治阶级在很大程度上会使用"占统治地位的思想"来解释与规定他们的利益。把这一切简单地表述为,占统治地位的意识形态毫无阻碍地自我再生产,并从自由市场出现以来就一路畅行,可以说是从经验层面把阶级和意识形态画等号,这是没有依据的强制观念,也被具体的历史分析所拒斥。

阿尔都塞批判的第二个靶子是"虚假意识"观念,他认为,这种观念假定每个阶级都有被规定的真实意识形态,而真实意识形态不能表现出来的原因是主体与主体所处的真实社会关系之间存在一个屏障,这个屏障阻止他们辨识自己原本应有的意识。阿尔都塞正确地指出,"虚假意识"观念建立在认识的经验主义关系上。它假定社会关系能够为感知、思考中的主体提供清晰明确的认识;而且主体所处的形势跟主体认识与了解这些形势的方式之间的关系一目了然。因此,真实的认识一定是受制于某种遮蔽,遮蔽的原因很难辨认,但它阻碍人们"认识现实"。在这种观念中,生活在虚假意识中的总是别人,而不是我们自己,那些生活在虚假意识中的人们受到占统治地位的意识形态的蛊惑，成为历史的傻瓜。

阿尔都塞的第三个批评出自于他的理论概念。他坚持认为，认识是特定实践生产的结果。无论是意识形态的认识还是科学的认识，都是实践的产物。认识不是用话语或语言反映现实。社会关系必定在"言语和语言中得以表现"，从而获取意义。因而，意义是意识形态或理论生产的结果，而并不仅仅是经验主义认识论的结果。

这导致阿尔都塞想要思考意识形态实践的特殊性，思考它与其他社会实践的差异，思考将意识形态实践层次跟社会形态中的其他层次相接合的"复杂统一体"（the complex unity）。因此，基于我之前提到的一些概念和据他所知已有的传统意识形态观念的批判理论，阿尔都塞开始尝试提出替代性的意识形态理论。我先来梳理一下这些理论。

大家都很熟悉的阿尔都塞（1971b）的一篇文章是《意识形态和意识形态国家机器》，此文中提出的一些命题在随后的论辩中产生了极大的影响与共鸣。首先，阿尔都塞试图从再生产概念的角度思考意识形态与其他社会实践的关系。意识形态的功能是什么？它是为了再生产社会生产关系。社会生产关系对于任何社会形态或生产方式的物质存在来说都是必要的。但是，生产方式中的要素或当事人，尤其是劳动力这个关键要素必须要使自身不断地被生产和再生产。阿尔都塞认为，在资本主义社会形态中，劳动力逐渐不再从社会生产关系内部，而是从生产关系外部被再生产出来。当然，他不是指生物学层面，也不单指技术层面的再生产；他指的是社会与文化层面。生产力是在上层建筑的场域中被生产的：在诸如家庭和教会这样的制度中。这就需要文化制度的登场了，那些诸如媒体、工会、政党等文化制度虽然与生产本身没有直接联系，但是在培养道德与文化上符合现代资本主义生产方式所需的劳动力方面，却发挥着举足轻重的作用。学校、大学、培训委员会和研究中心可以再生产出能胜任发达资本主义生产系统工作的劳动力。但是，阿尔都塞提醒我们，技术上胜任但政治上不服从的劳动力对于资本来说根本不算劳动力。所以，更重要的任务是培养那种道德与政治上能够且愿意遵守资本主义生产方式的纪律、逻辑、文化与强制要求的劳动力，不管这种生产方式发展到哪一地步；也就是说，培养能永久无限地臣服于占统治地位系统的劳动力。因此，在这种更宽泛的意义上，意识形态的作用就是通过各种意识形态机器来再生产社会生产关系。这便是阿尔都塞的第一个命题。

当然，这种意义上的再生产是马克思的经典术语，阿尔都塞不需要离开《资本论》就可以发现这一点；不过，应该说，他对此给出了十分严格的界定。再生产在马克思那里是一个更宽泛的概念，包括占有与剥削的社会关系以及生产方式本身的再生产，而阿尔都塞则用它仅仅指劳动力的再生产。这正是阿尔都塞的典型特点——每次从马克思主义的袋子里掏出一个有广泛共鸣的马克思主义术语或概念，他总是对其加以自己的限定与扭曲。以这种方式，他不断"强化"马克思的结构主义思维模子。

这种立场有一个问题。那篇文中提到的意识形态似乎主要是占统治地位阶级的意识形态。如果存在一种被统治阶级的意识形态，那它似乎是一种在资本主义生产方式内部完美适应占统治地位阶级的职能与利益的意识形态。在这一点上，阿尔都塞式的结构主义便有了被责难的可能，它已经受到了责难，罪名是悄然出现的马克思主义功能主义。意识形态似乎履行着必需的功能（即，再生产占统治地位的意识形态的支配地位），有效且持续履行这一功能，不会遇到任何相反的趋势（而后一概念在马克思探讨再生产问题时随处可见，这也正是将《资本论》的分析区别于功能主义的概念）。如果你就意识形态的矛盾领域进行提问，问及被统治阶级的意识形态如何被生产与再生产，问及意识形态的抵抗、排斥、越轨等问题，那么文中是没有答案的。文中也没有论及被如此有效地缝合至社会形态中的意识形态为何能够产生矛盾或者对立面。这种再生产概念不存在对抗性趋势，也不会遭遇矛盾，只会在功能层面适应资本，因而，它不是阶级斗争的场域，而且完全异质于马克思的再生产概念。

《意识形态和意识形态国家机器》一文中第二个有影响力的命题是坚持主张意识形态是一种实践。也就是说，意识形态出现于特定机关的仪式或社会制度与组织的实践中。阿尔都塞区分了强制性国家机器，如警察与军队，和意识形态国家机器，比如，不是由国家直接组织的教会、工会与媒体。强调"实践与仪式"是完全可以接受的，尤其是，如果不以太过狭隘与尖锐的方式来解释它们的话，这是完全可以的。意识形态是对世界进行思考与计算的框架——人们用"观念"思索社会的运行方式，自己在世间的位置以及**应该**做什么。不过，唯物主义者或非唯心主义者的问题在于，怎样以非唯心主义、非庸俗唯物主义的方式来应对观念问题，毕竟观念是心理事件，因而如马克思所说，它只能发生"在思维中，在头脑中"（还能在哪呢？）。阿尔都塞的强调是有帮助的——帮助我们走出哲学窘境，而且，在我看来，还有额外的优点，它是正确的。他重点强调观念产生的地方，在那里，心理事件显示为或实现为社会现象。当然，它主要是通过语言的方式（在涉及符号使用的意指实践的意义上进行理解；在符号、意义与表征领域）；同样重要的是，通过社会行动或行为的仪式与实践的方式，在这些场域中，意识形态打下印记或者铭刻自身。可以说，语言与行为是意识形态的物质显现的中介，是它运行的模态。仪式和实践总是发生在与社会制度相关的社会场域中。这就是为什么我们必须分析或解构语言和行为，以此来破解铭刻其中的意识形态思维模式。

我们对意识形态问题的思考的这一重要进展有时会被一些理论家的观点所掩盖，他们声称意识形态根本不是"观念"，而是实践，正是这一点确保了意识形态理论是唯物主义的。我不赞同这种观点，我认为它犯了"具体性的误置"（misplaced concreteness）之缪。马克思主义唯物主义不能建立在废除心理事件（即，思维）的心理性质——更遑论其现实效果——的基础上，因为那正是被马克思（1963）称作片面的或机械的唯物主义（在《关于费尔巴哈的提纲》中）的错误。而是应该建立在思维赖以产生的物质形式，以及它确有物质效果的这一事实的基础上。至少，我就是以这种方法受益于阿尔都塞那个被广为引用的观点：意识形态的存在是物质的，因为"意识形态总是存在于一种机器及其实践或多种实践之中"（1971b, p.166）。不过，阿尔都塞的以下做法对他的理论有所削弱，即在该部分论述靠近结尾的地方，他过于夸张和过度凝缩地提出——以古雅的风格写道——"业已消失：观念之说"（p.169）。尽管阿尔都塞已经快要大功告成，但是，在我看来，他并没有废除观念与思维的存在，不论那么做有多么方便省事。他所表明的是，观念具有物质的存在方式。他说"人类主体的'观念'存在于他［她］的行动之中"，这些行动"在**意识形态机器的物质存在**范围内介入由规定实践活动的**仪式**所支配的**实践**"（p.168），这是一种不同的立场。

然而，阿尔都塞的术语命名还是有严重的问题。《意识形态和意识形态国家机器》一文毫无疑问地假定，市民社会的许多"自主"部分与国家是同一的。相比之下，我们发现，这种接合在葛兰西的霸权问题中占据中心地位。葛兰西很难划定国家／市民社会的边界，正是因为，这条界限该落在何处并非是简单与没有矛盾的事情。发达自由民主制度中的一个关键问题就是，意识形态是如何在明显处于国家直接作用之外的所谓市民社会的**私人**领域——共识的剧场——中得以再生产的。如果所有的一切或多或少都在国家监督之下，那么很容易理解，得以再生产的唯一意识形态就是占支配地位的意识形态。但是，更加中肯却也更加困难的问题是，在国家没有做出指示与强制要求的情况下，社会怎么会允许市民机构在意识形态领域长期拥有相对的自由；而且，为什么市民社会"自由嬉戏"的结果经过复杂的再生产过程后，却还是始终如一地重新构成了"占支配地位结构"的意识形态。这是一个更加棘手的问题，而意识形态国家机器概念却将其排除在外。可以说，这是一种广义的"功能主义"，它预设了生产方式的需要和意识形态的职能之间必要的功能一致性。

毕竟，在民主社会中，如果只是从国家对刊印内容与放送节目的指令的角度，我们是无法充分解释媒体的结构性偏见的，这样说并不是自由的幻象。然而，为什么数量如此众多的记者，仅仅参照他们的发表和被否的"自由"，便倾向于自发地反复叙述构建于基本上同类型的意识形态中的世界？为什么他们在意识形态领域总是身不由己、技穷力拙？甚至专门从事揭发丑闻写作的记者们似乎也常被他们并不服从的意识形态所影响，自己反过来变成被意识形态所书写的对象。

这是自由资本主义意识形态问题中最亟待解释的一个方面。正因如此，当有人说："当然了这是自由社会；媒介运作也是自由的。"给出以下答复是没有意义的："不，他们只是被国家强制这么做的。"仿佛真是那样似的！接下来需要做的，就是撤掉四五个他们管事儿的关键人物，再安插几个自己人去控制。实际上，意识形态再生产不能用个体倾向与明显的强力（社会控制）来解释，正如经济再生产不能用直接的强制力来解释一样。对这两者的解释——它们是类似的——都应该从**资本**开始的地方出发：分析"自发性自由"的回路是如何运作的，而这也是《意识形态和意识形态国家机器》在命名中就被简单排除的问题。阿尔都塞拒绝区分国家和市民社会（他这么做的依据后来被普兰查斯［1973］错误地给予了支持——即，它们的区别只是属于"资产阶级意识形态"内部的区别）。他的概念命名法没有足够重视葛兰西（1971）所说的现代社会形态的极其复杂之处——"市民社会的堑壕与堡垒"。这个命名也没有着手弄清楚，资本主义要管理与组织一个确切来说不受其直接控制的市民社会，其运作过程有多么复杂。这些在意识形态与文化领域中都非常重要，而"意识形态国家机器"的理论阐述则使我们避开这些问题。

阿尔都塞的第三个命题是，他认定意识形态只能凭借构成主体范畴而存在。这一点说来话长，我就只提及这个复杂故事中的一小部分。我之前说过，《读〈资本论〉》在论述方式上与列维-施特劳斯以及其他非马克思主义结构主义者非常相似。与列维-施特劳斯（1972）一样，阿尔都塞也将社会关系视为无主体的过程。同样，当阿尔都塞坚持认为阶级只是经济社会关系的"承载者与承担者"时，总体来说，他跟列维-施特劳斯一样，是在把索绪尔式的语言学概念运用于实践场域，移置了古典西方认识论中的传统当事人/主体。阿尔都塞此时的立场跟诸如语言讲述我们、神话"讲述"神话创造者的说法如出一辙。这就抹除了主观认同的问题以及个人或群体如何成为意识形态的发声者的问题。不过，随着阿尔都塞意识形态理论的深入，他离开了意识形态只是无主体的过程的简单观念，似乎开始考虑那种不能任由主体与主体性场域成为一片真空的批评。"主体的去中心化"作为结构主义的主要思想之一，还是不能解决意识形态的主体化和主观化问题，还是要解释主体作用的过程。如果没有主体或主体性的概念，那么具体的个体如何顺理成章地位于特定的意识形态领域之内？另一方面，我们重新思考这个问题的时候，要采取一种不同于经验主义哲学传统的方式。这便是阿尔都塞在《意识形态和意识形态国家机器》中理论推演的出发点，他声称所有的意识形态都是通过主体范畴发挥功能作用，主体以意识形态的方式，也只为了意识形态而存在。

这个"主体"不能与鲜活的历史个体相混淆。它是范畴与位置，在这种范畴与位置中，主体——意识形态发声者的"我"——得以构成。意识形态话语自身使我们成为话语的主体。阿尔都塞通过借鉴拉康（1977）的"询唤"（interpellation）概念解释了这一运作过程。这表明，我们被意识形态招呼或召唤，它们招募我们充当它们的"作者"，充当它们必要的主体。我们被意识形态的无意识过程构成，处于我们自身与能指链之间认可或固定的位置，而没有能指链，任何意识形态的意指或意义都不可能存在。正是从论述中的这一转折开始，他的理论踏上了通向精神分析和后结构主义（最终脱离马克思主义的问题式）的漫漫长路。

《意识形态和意识形态国家机器》一文的结构存在着非常重要也十分令人遗憾的不足之处。这跟它的两分结构（two-part structure）有关：第一部分是关于意识形态以及社会生产关系的再生产；第二部分是关于主体的构成以及意识形态如何在想象界询唤主体。这两方面被划分为独立的部分，产生了严重的混乱。按照最初的设想，主体理论原本是作为意识形态总理论中的一个关键要素，结果它却转喻性地取代了总理论本身。因此，随后进行的极其复杂的理论推演就变成了关于第二个问题的理论：针对不同的话语，主体如何被构成？在创建位置性时，无意识过程的作用是什么？这是话语理论或受语言学影响的精神分析理论的研究对象。或者，我们可以探究特定话语构型中主体发声的条件，这是福柯的问题式。或者，我们探究主体与主体性自身得以被构成的无意识过程，这是拉康的问题式。《意识形态和意识形态国家机器》一文关于这第二个部分还有相当多的理论化论述。可是，关于第一个部分呢——没了，结束！第一部分就在阿尔都塞关于社会生产关系再生产问题不够充分的提法中戛然而止。于是，文中关于意识形态这个难题的两个方面就发生了断裂，而且从那时起它们被归为两极。再生产问题归入马克思主义（男性）一极，而主体性问题则归入精神分析（女性主义者）一极，并自此再无交集。后者被视为关于人们"内在"(inside)的问题,被理解为"关于"精神分析、主体性、性欲等。正是以这种方式及在这个场域,它与女性主义的关联越来越理论化。前者是"关于"社会关系、生产以及生产系统的"鲜明轮廓",那也正是跟马克思主义以及阶级话语"有关"的内容。理论架构中的这种分叉造成了意识形态问题式发展不平衡的灾难性后果,更别提它产生的具有破坏性的政治影响了。

我不想沿着这两条已经分叉的道路,相反,我想打破这种僵局,着眼于阿尔都塞理论中的一些替代性出发点,我认为从那里还可以结出有用的果实。在他远远没有到达《意识形态和意识形态国家机器》一文的"先进"立场之前,阿尔都塞(1970, pp.231-236)在《保卫马克思》中做过关于意识形态的简短表述,值得我们反复思考。在那里,他意在把意识形态定义为表征系统——由概念、观念、神话或意象构成。在此系统中,男人们和女人们(我加的)生活在"对真实生存条件的想象关系中"。这个表述值得我们细细考量。

将意识形态规定为"表征系统"承认了它们本质上的话语和符号性质。表征系统是我们用来向自己以及彼此之间表述世界的意义系统,它承认意识形态认识是特殊实践——涉及生产意义的实践——的结果。不过,鉴于没有哪种社会实践是发生在意义(符号)场域之外的,那么所有的实践都仅仅是话语吗?

这里我们必须要小心行事,我们面对着另一个被压抑的方面或者被排除的中间地带。阿尔都塞提醒我们，观念并不只是漂浮在真空中。我们知道它们的存在，是因为它们物质性地体现在社会实践中，并对社会实践产生影响。在这个意义上，社会从未超出符号之外。每种社会实践都形成于意义和表征的相互作用之中，其本身也可以被表征。换句话说，不存在位于意识形态之外的社会实践。然而，这并不意味着，就因为所有的实践都在话语之中，对于社会实践来说**除了**话语就什么也没有了。我知道，当我们通常谈论观念作为实践的时候，这种描述过程包含着什么意蕴；"实践"给人具体的感觉：它们发生在特定的场所或机构中——如教室、教堂、阶梯教室、工厂、学校以及家庭，这种具体感让我们声称它们是"物质的"。但是，我们还是要注意区分不同实践的差异。我来说一个例子：如果你参与现代资本主义劳动过程，通过组合一定的生产资料，你使用劳动力——以一定的价格购买——把原料改造为产品，即商品。这规定了一种实践——劳动实践。这种实践位于意义和话语**之外**吗？当然不是。如果不是位于表征与意义场域之内，那么多人如何能够日复一日学会实践操作或者学会跟其他分工相结合？那么，这种改造实践就仅仅是话语吗？当然不是。并不是因为所有的实践**位于**意识形态中，或者由意识形态规定，所有的实践就**仅仅是**意识形态。那些将生产意识形态表征作为首要对象的实践具有特殊性，它们有别于那些——有意义地、可理解地——生产其他商品的实践。从事媒介工作的人生产、再生产并改变意识形态表征领域本身。虽然从事物质商品生产与再生产的人也被意识形态所规定，但一般来说，从事媒介工作的人与意识形态的关系，跟从事物质商品生产的人与意识形态的关系是不同的。巴尔特在很久之前就提出过，所有的事物都是意指。后一种形式的实践虽然也在意识形态中运作，但是从其对象的特殊性来说，它们不属于意识形态。

我想保留以下观念：意识形态是体现在实践中的表征系统，但是我不想盲目崇拜"实践"。在这一理论化层面上，有太多论述倾向于将社会实践等同于社会话语。在指出意义与表征的重要性层面，强调话语是正确的，然而它又直接走向了绝对的对立面，使得我们认为所有的实践都仅仅是意识形态，这不过是一种颠倒。

请注意：阿尔都塞说的是"多个系统"，而非"单个系统"。表征系统的重要特征之一就是它们不是单数的。任何社会形态中都存在多个系统，复数的系统。意识形态不会通过单一的观念进行运作；它们通过话语链、概念簇、语义场及话语构型的形式进行运作。如果你进入意识形态领域，并挑出任何一个作为节点的表征或观念，就会立即触发整个内涵关联的链条，意识形态的诸多表征相互隐含——召唤——彼此。因此，任何社会形态中都存在各种不同的意识形态系统或逻辑。位于支配地位与从属地位的意识形态概念不能有效地表述现代发达社会中不同的意识形态话语与构型之间复杂的相互作用。我们也不能将意识形态地带视为相互排斥又内部独立自持的话语链领域。它们之间互相争夺，经常利用共同、共享的概念，在差异或等价物的不同系统中，对这些概念进行重新接合（rearticulating）或解接合（disarticulating）。

现在我要转向阿尔都塞意识形态定义的下一个方面：人们**体验**（*live*）其中的表征系统。阿尔都塞对"体验"一词加了引号，因为他指的不是生物学与遗传学的体验，而是在文化、意义和表征内的经验生活。我们不可能结束意识形态，仅仅体验真实，我们总是需要通过那些系统向自己及他人表述真实是什么。这是关于"体验"的第一个要点。第二个要点是我们应该从广义上理解它。他说的"体验"意味着人们通过运用各种表征系统来经历、解释和"理解"他们的存在条件。于是，意识形态总是能够以不同的方式规定现实世界的同一种所谓对象或客观条件。一种社会关系或实践的条件和它可被表征的方式的数量之间并"不是必然一致"的。也不会像新康德主义者在话语理论上所假定的那样，因为我们只能在"意识形态内"了解和体验一种社会关系，所以这种社会关系没有独立于表征机制之外的存在：这一点在马克思的1857年《导言》中已经被清晰地阐明，但不幸被阿尔都塞自己曲解。

或许"体验"概念最具颠覆性的影响就是，它暗含了经验场域。我们正是在文化表征系统中通过表征系统来"体验"世界的：经验是可理解之符码和解释图式的产物。因此，没有哪种经验处于表征或意识形态范畴**之外**。以下这种观念可谓是最具意识形态色彩的，即认为我们的头脑中充满了虚假观念，但是当我们向"真实"敞开自我，虚假观念便会烟消云散，就是绝对真实的一刻。这也便是"幡然醒悟"的一刻，那种意义依存于表征系统介入的事实消失了，我们似乎踏实地秉持自然主义态度，这是意识形态彻底结束的一刻。然而，此时我们在最高程度上受到极具意识形态色彩的常识结构、"理所当然"强权观念的摆布。常识正是表征系统的产物，就在我们忽略这一事实的那一刻我们便跌落下来，不是跌入自然，而是跌入自然主义的幻觉：意识形态的顶点（深处）。因此，当我们把意识形态和经验、把幻觉和真正的真实进行对比的时候，我们没有认识到，我们不可能在文化与意识形态范畴之外体验一个特定社会的"真实关系"。这也不是说，所有的认识都只是我们的权力意志的产物；有些意识形态范畴与其他相比，可以为我们提供更加准确与深刻的关于特定关系的认识。

因为我们生活的社会生存条件和我们体验它们的方式之间并非一一对应关系，阿尔都塞将其称为"想象的"关系，这是有必要的。也就是说，决不能将它们与真实相混淆。只是到了后来这一场域才变成了严格拉康意义上的想象界。或许在这篇文章的写作早期，他的头脑中已经有了拉康，不过他认为，没必要肯定认识与经验只有通过拉康所设想的特定精神分析过程才有可能发生。他把意识形态描述为**想象的**，只是要将它区分于以下观念，即"真实关系"清楚地表明自己的意义。

最后，我们来看一下阿尔都塞使用的这个短语，"存在的真实条件"（the real condition of existence），这个用法（在当代文化研究理论内）令人震惊，因为此处阿尔都塞致力于以下观念，即社会关系实际上脱离意识形态表征或经验而独立存在。社会关系的确存在，我们生来便处于社会关系中，它们独立于我们的意志而存在，在其结构与趋向上是真实的。若我们不以某种方式向自己或他人表征这些条件，我们就无法进行社会实践；但这种表征并不是它们的全部作用。社会关系独立于我们的头脑和思维而存在，然而它们却只能在思维中被概念化。重要的一点是，阿尔都塞肯定了构成社会形态中生产方式的真实关系的客观性质，只是他在后来的研究中又进行了迥然不同的理论化建构。比起后期的康德式或斯宾诺莎主义表现，此时的阿尔都塞更靠近"实在论"的哲学立场。

现在我想在已经论述的特定短语的基础上进行扩展，再涉及两三个其他与该提法相关的观念。阿尔都塞认为，这些表征系统本质上是建立在无意识结构之上的。在早期那篇文章中，他似乎在思考意识形态的无意识性质，其思考方式类似于列维-施特劳斯将神话符码规定为无意识的方式——从它的规则与范畴的方面。当我们进行与任何意识形态相关的发声时，我们自己并没有意识到意识形态的规则和分类体系。只不过，像语言规则一样，我们可以通过打断与解构的模式对它们进行理性的审视与分析，使基础层面的话语得以显现，使我们能够考察产生它的范畴。我们知道《统治吧，不列颠尼亚！》这首歌的歌词，但是我们意识不到它的深层结构——国家的概念，帝国主义的伟大征战史，全球主导与霸权的构想，以及处于从属地位必要的他者，所有这些都充分凝缩在其简单而欢快有力的旋律中。这些内涵链并不是公开的，也不容易在意识层面被修改和重组。那么，是否可以认为，它们是精神分析学意义上的特定无意识过程与机制的产物呢？

这让我们回到以下问题，主体在意识形态中是如何辨识自身的：个体主体和被建构的特定意识形态话语的位置性之间的关系是怎么样的？个体在语言中的一些基本位置，以及在意识形态领域中一定的主要立场，有可能在构型的早期阶段通过精神分析意义上的无意识过程得以建构。对于我们在以后的意识形态话语中定位自身的方式，以上那些过程可能起着深刻与导向性的作用。这些过程很明显在最初的婴儿期就**确实**发挥着作用，使得我们能够与他人及外部世界建构关系。一方面，它们密不可分地联系着尤其是性别认同的本质与发展；另一方面，并不能充分证明，这些位置性**单独**构成了所有个体在意识形态中定位自身的机制。当我们从"生物的存在过渡到人的存在"（Althusser, 1971a, p.93），我们不是仅仅在那一刻被完全缝合在与历史性意识形态话语的复杂领域相关联的位置上，我们可以在人生的不同时期以不同的方式被重新定位。

有人认为，那些后来的定位只是概括性地重述了解决俄狄浦斯情结所建立的基本立场。似乎更准确的说法是，主体在意识形态领域并不仅仅被婴儿时期无意识过程的结果定位，他们也由特定社会形态中的话语构型所定位。在不同的社会场域中,其定位的方式也不同。在我看来,以下假定是错误的,即让个体说话或发声——准确地说,掌握语言——的过程,和使他/她们在特定社会的各种表征系统中声称自己属于特定性别、种族、社会性别等的过程是相同的。询唤的普遍机制或许能为语言提供必要的一般条件,但是,认为它们为历史上特殊与各异的意识形态发声提供了充分具体的条件,这样的观点只是一种思辨与推断。话语理论片面地主张,从拉康的无意识过程方面解释主体性就是全部的意识形态理论。当然,意识形态理论必须发展其关于主体和主体性的理论,而马克思主义的早期理论则没有这么做。它必须要说明意识形态话语内自我的辨识,是什么让主体在话语中辨识自我,并自发地把自己当作话语的作者。但是,这并不意味着,要把拉康以语言学方式重新解读的弗洛伊德图式当成社会形态中适合的意识形态理论。

阿尔都塞(1971a)在早前的《弗洛伊德与拉康》(Freud and Lacan)一文中也已经认识到,拉康命题的本质必然是临时性和思辨性的。他重复了作为拉康论点依据的"认同"的持续性——从生物存在向人之存在的过渡与秩序法则同步,这种秩序法则就是文化法则,它"在形式本质上与语言秩序混淆在一起"(p.209)。不过,他还在脚注中进一步谈及这些同族关系的形式本质:

> 从本质上说：因为文化法则最初作为语言被引入……但它的意涵并非语言可以穷尽的；其内容包括现实的亲族结构及一定的意识形态构型，正是通过这样的意识形态，人们被铭刻在这些结构中，并发挥他们的功能。只是了解西方的家庭是父权制和异族婚制是不够的……我们还必须理解支配父亲身份、母亲身份、夫妇关系和幼年时代的意识形态构型……这些意识形态构型方面，还有大量的研究工作需要进行。这是历史唯物主义的一项任务。（p.211）

然而，在他后来的理论阐述（尤其是随后接连不断的拉康式表述）中，这样的警戒被他抛至九霄云外，取而代之的是不折不扣的恣意肯定。在这似曾相识的滑动中，"无意识是像语言一样被组织起来的"变成了"无意识等同于进入语言、文化、性身份、意识形态，等等，等等"。

我想做的是，回到一种更简单、更有成效的方式来思考意识形态问题，我在阿尔都塞的研究中发现了这一方式，不过不是在他时髦的后期思想中。尽管在现实理解、实质研究和以真正"开明"的（即，科学的）方式进行认识更新方面，我们的概念机器非常复杂与"先进"，但是要认识到，在这些问题上，我们仍然处在漫长艰辛之路的起点。从这一"长征"的角度，《保卫马克思》早于后来的想象之旅，有时候是臆想之旅，《意识形态和意识形态国家机器》中就充满了幻想。然而，我们不应该仅仅因为这个原因就将它抛诸脑后。《保卫马克思》中的《矛盾与多元决定》一文中的决定概念与《读〈资本论〉》中的决定概念相比，虽然在理论化方面不甚严格，但却具有更加丰富的含义。《保卫马克思》中的意识形态概念与《意识形态和意识形态国家机器》中的意识形态概念相比，虽然不够全面，但意蕴更加充分。再说一次，比起晚期的阿尔都塞，我更喜欢早期的阿尔都塞。

所谓话语的统一性实际上是千差万别的要素以不同的方式进行接合与再接合的结果，因为要素之间并无必然的"归属性"（belongningness）。真正重要的"统一性"是被接合的话语和社会力量之间的链环（linkage），有了这链环，在一定的历史条件下，链接就可以发生，当然并不是必然发生。因此，运用接合理论（theory of articulation），我们既可以理解意识形态的诸要素如何在一定的条件下凝聚于一种话语中，还可以探究它们在特殊形势下怎样和一定的政治主体相接合或不与之接合。我换一种说法：接合理论询问意识形态如何发现它的主体，而不是主体如何思索属于意识形态的那些必要而且必然的想法；接合理论让我们思考意识形态如何赋能于人们，使他们开始思考或理解自己所处的历史情境，但又不会将那些可理解性的形式还原为他们所身处的社会经济、阶级位置、或者社会地位。

例如，宗教没有必然的政治内涵。任何对当代文化的政治性感兴趣的人都必须认识到，文化形态对现代生活有着持续性的影响，它的史前史远远早于我们的理性系统，文化形态有时甚至被视为人类理解世界的唯一文化资源。这不是要否认,在相继出现的历史—社会形态中,宗教已经以特定的方式被缠绕和直接连接为特定权力结构的文化与意识形态基础。从历史上来说,情况就是这样的。而且,在那些社会中,存在一些强大的、势不可挡的力量之流,我把它叫作"趋力线"(lines of tendential force),这些趋力线把宗教形态接合到政治、经济和意识形态结构中。所以,如果你进入那个社会,认为可以轻易地将宗教从它所嵌入的历史情境中连根拔起,并简单地放置在另一地方,这种想法是愚蠢的。因此,我说连接不是必然的,这并非意味着宗教是自由漂浮的。它历史地存在于特定的形态中,它扎根的土壤直接关联着许多不同的力量。只不过,并不存在必然的、内在的、永恒的归属性。它的意义——政治的和意识形态的——正是来自于它在形态中的位置。它总是伴随着与它接合到一起的其他要素。鉴于这些接合并不是必然且必要的,是可能被改变的,因此,宗教能够以多种方式被接合。我认为,从历史的角度讲,宗教长久以来已经以特定的方式被嵌入特定的文化中,这形成了极难被中断的趋向磁力线。用地理学的隐喻来说,围绕宗教那片区域打转,你得了解意识形态的地盘,即它的地形地势。然而,这也不是说:"事情就是这样,所以永远都是这样。"当然,如果你想要打破、质疑或中断这些趋向的历史连接,你必须得知道背离历史形态的时机。如果你要改变宗教的位置,想以另外一种方式将其再接合,你会遭遇所有之前接合时所形成的惯例。

然而，纵观现代日新月异的世界，我们不难发现，宗教形态在现实中发挥着多种多样的作用。我们还能看到，宗教为一定的大众社会运动赋予了非凡的文化与意识形态上的活力。换言之，在特定的社会形态中，如果宗教已经成为不同文化流派都不得不进入的价值化了的意识形态场域，那么，没有哪种政治运动可以做到在不与宗教领域协商的情况下就能流行于大众。对于宗教，社会运动必须要改造、收买、转变、发展、澄清它——总之是必须应对它。在这样的社会形态中，要发起普遍的政治运动，就不能不考量其中的宗教问题，因为正是在宗教领域，社群才形成了某种意识。这种意识可能很有限；可能并未成功帮他们重造自己的历史；但是他们已经被流行的宗教话语所"言说"。这是第一次，他们用宗教来建构某种叙事，不管有多苍白与多不纯粹，他们头一次运用宗教来联系过去与现在：将他们从哪里来，跟他们如今在哪里、将去往何处以及他们为何在此连接起来。

就牙买加的拉斯特法里教派来说，拉斯特是从一个不属于他们的文本——《圣经》——中借鉴而来的一种有趣的语言；他们不得不把文本颠倒，以寻找符合他们经验的意义。但是在颠倒文本的过程中，他们重塑了自己；以不同的方式，他们将自己定位为新的政治主体；他们在新世界中重新建构作为黑人的自己：**成为**他们自己。通过以这种方式定位自己，他们学会了一种新的语言，而且他们竭尽全力地去言说。他们学会了言说与歌唱。并且，在这么做的时候，他们并没有假定他们唯一的文化资源在过去。他们没有回到过去，以试图恢复一些未受历史影响的绝对纯粹的"民间文化"，就好像那是他们能够学会言说的唯一方式。不，他们利用现代媒介来传播他们的信息："不要跟我讲森林里手鼓的事情。我们想用接合和生产的新方法来创造新的音乐，传播新的信息。"这是一种文化改造。它并非彻头彻尾的新事物，也不是对线性、不间断的过去的延续。通过重新认识文化实践中那些本身没有必然政治内涵的要素，这种改造得以实现。不是话语中的个体要素具有政治或意识形态内涵；而是那些要素得以组织到一种新的话语构型中的方式含有那些意蕴。

接下来我谈一下社会力量的问题。意识形态改变人们关于自己以及所处历史形势的意识，尽管它在文化层面的作用强烈，但它自身并不**直接**构成一种社会或政治力量。正如所有宗教形式的解释一样，它有其自身的限制。然而，它可以被接合到社会运动、人民运动中，它能够发挥功能，笼络或吸引原本从未处于这种历史集团中的部分民众。它构成阶级吗？就拉斯特法里运动的情况来讲，位于其中心的是牙买加社会中的经验、地位和经济生活的决定作用，居于中心的正是一种阶级构型。它仅仅是阶级吗？不，它不可能成为可被简单化约为统一阶级的历史或政治力量。的确，它从来没有成为一个拥有已经就绪的统一意识形态的统一阶级。它被各种各样其他的决定因素和意识形态影响并深深地与它们横向交织在一起。事实上，只有通过将自己建构为统一意识形态下集体主体的形式，它才能成为一股统一的社会力量。直到拥有可解释其共同集体情境的可理解性形式，它才**成为**一个阶级或一股统一的社会力量。即便那时，决定其地位与统一性的要素也不能被还原为我们用来指认经济阶级的术语。那时，不同社会力量的各个部分被接合至这一特定的意识形态，或者在其内部相接合。因此，并非是社会力量、阶级、团体、政治运动等通过客观的经济条件首先构成统一体，然后再产生出统一的意识形态。事情的过程恰好相反。我们要知道，各种不同的社会团体进入并在一段时间内构成一种政治和社会力量的方式，部分是通过将自己视为一种统一的力量反映在构成它们的意识形态中。社会力量与意识形态之间是完全辩证的关系。随着意识形态构想的出现，团体也浮出水面。拉斯特法里派自身作为团体，马克思会说，是贫穷的，但是他们构成一股统一的政治力量并不是**因为**贫穷。实际上，位于支配地位的意识形态不是把他们理解为"穷人"，而是将他们视为没出息的人、懒汉、底层人员。只有在被视为是新的政治主体的情况下，他们才能构成一股政治力量，也就是说，才能变成一股历史力量。

这就是接合，它是塑造自身的社会力量和使他们的经历过程可被理解的意识形态或观念之间非必然的链接，正是接合，使得新的社会与历史立场、新的社会与历史主体登上历史舞台。从这种意义上来说，我不否认意识形态或文化力量跟社会力量之间的连接；的确，我想**强调**，一种有机的意识形态的民众力量取决于与之相接合的社会团体，这些社会团体也可以通过这种意识形态被接合。此时我们必须要确定接合的原则了。但是，我不想将这种连接视为**必然**既定于社会经济结构或立场中，而恰恰将其看作是**一种接合**的结果。

我来举一个简单的、个人的例子，用来说明我提到的阿尔都塞意识形态理论的一般概念如何能够让我们思考特定的意识形态构型问题。我想谈一下与话语相关联的一系列特定的概念，涉及认同、地方（place）、族性以及社会形态的意识形态，这些都是围绕"黑人"这个术语产生的。这个术语"像语言一样运作"。它确实是这样运作的——语言，事实上，由于我的表述基于自己在加勒比地区和英国的个人经验，作为我的理论语境的社会形态与美国的情况并不完全一致。所以，只有在通常意义的语言"混乱"层面上，它们才是相同的。实际上，我们看到的是即使相关、也大有不同的多种历史中的差异与特殊性。

在英国的三十年中的不同时间，我曾被"招呼"或询唤为"有色人种"、"西印度人"、"黑鬼"、"黑人"及"移民"。有时在大街上，有时在街角，有时是辱骂的语气，有时是友好的口吻，有时则模棱两可。（我的一个黑人朋友因"种族主义"被他的政治组织处罚，原因是为了引起我们学生时代居住的白人社区的震惊与羞愧，他曾在深夜从街上对着我的窗子大喊"黑鬼！"以引起我的注意！）所有这些都将我铭刻在能指链的"适当位置",这种能指链通过肤色、族裔、种族的范畴建构身份认同。

在我度过了青少年时期的牙买加,我总被称呼为"有色人种"。在种族与族裔的句法规则中,这个术语跟其他表述相接合的方式产生了它的实际意义:"不是黑人"。"黑人"是其余的那些——大多数人,普通百姓。"有色人种"属于棕色中产阶级的"混杂"行列,高人一等——就算在现实中不是,在抱负上也是这样。由于在阶级分层、地位、种族和肤色方面的意蕴,我的家人非常看重这些精确分级归类的差别,并坚持这些规定。的确,在任何情况下,他们都像抓住最终的意识形态生命线一样对其坚持不放。当他们发现,我在英格兰被称呼为"有色人种",是因为在当地人看来我实际上就**是**"黑人"时,你可以想象他们的窘态。简而言之,在不同的"差异与等价物系统"中运作时,同一个术语会具有截然不同的内涵。决定"意义"的是它在不同能指链中的位置,而不是孤立的术语和它在色谱中所代表的位置之间固定的对应关系。

加勒比体系正是通过种族殖民话语的精确分级归类系统进行组织的,它的运作方式是逐级上升的,最高一阶是"白人"这个术语——后者总是遥不可及,乃是一个不可能的、缺场的术语,而它缺场的在场却建构了整个链条。在相互依靠的社会群体为了地位和位置所进行的艰苦斗争中,等级体系的每一级都至关重要。与之相比,英国的体系则是围绕着简单的二分法组织的,更适合殖民秩序:"白人/非白人"。意义并不是语言对世界的透明的反映，而是通过术语和范畴之间的差异、或者标识系统产生的，它以这种方式阐明世界，并将其挪用到社会思维与常识中。

那么，作为具体的活生生的个体，我真的就是这些询唤主体中的一个吗？其中的任何一个能够完全概括定义我吗？实际上，我不"是"这些表述我的其中任何一种方式，尽管在不同的时期他们全都曾经是我，而且现在我在某种程度上仍然是他们。然而，并不存在本质的、单一的"我"——只有我所成为的破碎、矛盾的主体。很久以后，我再次遭遇"有色人种"一词，似乎是站在另外一边，超越了它。当我儿子在学习色谱知识的时候，我试图告诉他，他是"黑色"的，而他坚持对我说他是"棕色"的；当然，他**两种都是**。

尽管我的成年生活是在英格兰度过的，但我的确来自于西印度群岛。实际上，"西印度群岛"和"移民"的关系对我来说非常复杂。在1950年代的时候，这两个术语是同义词。现在，"西印度群岛"一词充满了浪漫色彩，它意味着雷鬼音乐、朗姆可乐鸡尾酒、树荫、芒果以及所有从椰子树上掉下来的罐装热带水果沙拉。这是一个理想化的"我"。（我希望更多时候我是这样的感觉。）我也很了解"移民"一词，它可一点也不浪漫。它清楚明白地让人觉得，他**实际上**属于**别处**。"对了，你什么时候回去？"撒切尔夫人"外来楔子"的一部分。实际上，我也是在人生相当晚的时期才理解了这个术语定位我的方式——当时它从一个意想不到的方向对我进行了"召唤"

(hailing)。那是有一次我回家短暂探亲，妈妈对我说："真希望他们不要把你错当成那些'移民'中的一个！"我当时就明白了，同时也感到震惊。我也许多次被那个他者、缺场而未说出的术语"言说"，它从来没有在那里出现，它是属于"美国"的，甚至只凭一个大写的字母"N"就会辱没尊严。这个术语周围的"沉默"或许最具说服力。正面标明的术语能够"意指"，是因为它们的位置关联着缺场、未标明、未说出和不可说出的。意义就是在场与缺场的意识形态系统中的关系。"走了！来了！"①

阿尔都塞（1971b, pp. 175-176）在《意识形态和意识形态国家机器》中一个有争议的段落中提到，我们"一直-已经"（always-already）是主体。实际上，赫斯特以及其他人质疑这一点。如果我们"一直-已经"是主体，那么我们生来就拥有辨识的结构和用已经成形的语言定位自己的方法。然而，影响了阿尔都塞和其他人的拉康则运用弗洛伊德与索绪尔的理论解释了这种辨识的结构是如何形成的（通过镜像阶段和俄狄浦斯情结的解决等等）。不过，我们先暂时把这种反对放在一边，因为阿尔都塞的研究暗示了一个关于意识形态的更重要的真相。我们体验意识形态就好像它是自如和自发地从

---

① 此处原文是"Fort! Da!"，是心理学家西格蒙德·弗洛伊德（Sigmund Freud）的《超越快乐原则》（*Beyond the Pleasure Principle*）中小孩玩丢线圈游戏时所说的话，线圈丢掉说"走了"（Fort），收回线圈说"来了"（Da）。两个词分别指向缺场和在场。——译者注

我们内部散发出来，好像我们是它自由的主体，"我们自己这么做的"。实际上，我们被它言说，为它言说，我们出生的时候，意识形态话语已经在等待我们，我们生于其中，并在其中找到自己的位置。根据阿尔都塞对拉康的解读，新生儿必须要习得被放置于文化规则中的方法，在其出生时就已经提前以"家庭意识形态的形式（父亲的/母亲的/夫妻的/同胞的）"（1971b, p.176）被期望、被命名以及被定位。

这种论述让我想起与此相关的早年的经历。那是一个在我的家族中时常被讲起的故事——始终以幽默的口气讲，尽管我从来看不出哪里好笑，是我的家族故事传统的一部分——在我出生的时候，我妈妈头一次把我从医院带回家，我姐姐望了望我的摇篮，然后说："你是从哪儿弄来的这个小苦力婴孩？"在牙买加，"苦力"是指东印度人，源自废奴运动之后带到这个国家用来代替种植园奴隶的契约劳工。如果可能的话，"苦力"在种族话语阶梯中比"黑人"低一个等级。我的姐姐用这种方式说出，这种情况常常发生在情况最好的肤色混杂的家庭里面，我的肤色比家族里的平均情况要黑好多。我现在已经不清楚，这到底是真实发生过的事，还是家人杜撰的故事，或者甚至是由我自己在不知道什么时候出于某种原因编造出来的。但是，我觉得，不管是那时还是现在，我被它召唤到我的"位置"。从那一刻起，我在标识系统中的位置就变得有可疑。它可能有助于解释我为何以及怎样最终成为我当初被命名的样子：家族里的"苦力"，一个格格不入的人，局外者，跟不被认可的人闲荡街头，脑子里还装着那些奇奇怪怪的想法。一个他者。

到底是什么**矛盾**产生了这样的意识形态领域？是"资本与劳动之间的首要矛盾"吗？很明显，这条能指链形成于一个特殊的历史时刻——奴隶制时期。它不是永恒或普遍的。它是用来理解新世界中西非沿岸国家的人们作为奴隶被纳入社会强制劳动生产关系这件事情的方式。让我们暂且不论以下这个棘手的问题，即这种奴隶制社会中的生产方式在全球市场中到底是"资本主义"或"前资本主义"，还是两者兼有的接合。实际上，在发展的早期阶段，出于实用的目标，种族系统和阶级系统是相互重叠的。它们是"等价系统"。如今种族和族裔范畴仍然是统治结构与剥削结构得以"存在"的方式。在这个意义上讲，这些话语的确具有"再生产社会生产关系"的功能。然而，在当代加勒比地区的社会中，这两个系统并不协调一致。也有"黑人"存在于阶梯的顶端，他们之中，有些是其他黑人劳工的剥削者，有些是华盛顿方面坚定的盟友。世界并不是整齐地划分为社会的/自然的范畴，意识形态范畴也不是必然生产出自己"适当的"意识模式。因此我们必须看到，两个话语系统之间存在复杂的接合关系。它们之间的等价关系不是固定的，而是随着历史过程而变化的。这种关系也不是由单一原因所"决定"的，而是"多元决定"的结果。

因此，很明显，这些话语将牙买加社会建构为围绕种族、肤色、族性范畴组织社会差异的领域，这里的意识形态具有围绕这些范畴将人们归为特定种类的功能。在阶级话语和种族—肤色—族裔话语的接合（以及可能造成的两者间的移置）中，后者被构建为"占统治地位"的话语，流行的意识形式得以产生的范畴，是人们在其中"进行活动、获得其所处地位的意识以及进行斗争等"（Gramsci, 1971, p.377）的场域，是人们借以体验"他们与真实生存条件之间的想象关系"（Althusser, 1970, p.234）的表征系统。这并非纯理论的分析，它的价值恰恰在于它在理论与分析层面上的差别。阶级与种族的多元决定对于牙买加的**政治**和整个牙买加的黑人产生了最深刻的后果，有些后果是高度矛盾的。

那么，我们可以从跨话语的角度来考察牙买加和英国的社会关系领域，这些话语至少由三种不同的矛盾（阶级、种族、性别）产生，每一种矛盾都有自己不同的历史与运作模式；每一种都以不同的方式对世界进行划分与归类。在任何特殊的社会形态中，我们都有必要分析阶级、种族与性别相互接合以构建特定凝缩的（condensed）社会地位的方式。我们可以说，此时，社会地位取决于"双重接合"。根据定义，它们是被多元决定的（overdetermined）。研究它们重叠或"统一"（融合）的部分，即思考它们在意识形态领域差异的接合中隐含与召唤彼此的方式，并不排除每种结构所具有的**特定作用**。我们可以想象，在一些政治情境中，同盟的建立会呈现出各种不同的方式，这取决于当时何种在进行中的接合作用占据着主导地位。

现在，让我们站在特定的语义场或意识形态构型中，而不是把"黑人"作为单独的术语来思考它：在其内涵链之中对它进行思考。我来举两个例子。第一个是在特殊历史时期——奴隶制时期的"黑色的—懒惰的—怨恨的—艺术的"（black-lazy-spiteful-arteful）这个链条。它提醒我们，尽管由这一特定链条所接合的"黑/白"差别不是简单地由资本—劳动矛盾所赋予，但是，那一特殊历史时期的社会关系特征是这一特定话语形态中的指示对象。在西印度群岛的情况中，"黑色"一词的隐含意味使它成为用来表述具有不同族裔特征的一类人最初被纳入社会生产关系的方式。不过，当然了，这样的内涵链并不是唯一的。还有截然不同的一个链条是在强大的宗教话语中产生的，横扫了整个加勒比地区：将光明跟上帝与精神联系起来，把黑暗或"黑人性"跟地狱、魔鬼、罪恶以及打入地狱相联系。我还是个孩子的时候，有位祖母带我去教堂，我那时觉得，当黑人牧师向上帝呼吁"主啊，照亮我们的黑暗"时，他其实是特别请求神给一点帮助，使他能在肤色等级中上升。

研究特定意识形态链条的意指行为所处的语义场是非常重要的。马克思就提醒我们，先辈们的观念像梦魇一样纠缠活人的头脑。历史形态环节对于任何语义场都至关重要。这些语义场域都成型于特定的历史时期：比如，17、18世纪英格兰的资产阶级个人主义。它们所指示的社会关系消失很久之后，这种连接的踪迹还存在，甚至当那些话语已被打碎，这些踪迹在之后的阶段还能够被重新恢复成连贯或有机的意识形态。常识思维含有被葛兰西叫作"没有清单"的意识形态痕迹的东西。例如，想一下宗教思维在世俗世界里留下的踪迹，由于标榜世俗，所以它把"神圣"赋予世俗观念。虽然对术语进行宗教阐释的逻辑已经破裂，但是，宗教有能力继续穿过漫漫历史，在各种新的历史语境中被用来巩固和支撑明显更加"现代"的观念。

在这一语境中，我们可以定位意识形态斗争的可能性了。一个特定的意识形态链成为斗争场域的情况，不仅在于人们试图用全新的替代性术语取代它，以此移置、质疑它，并与之决裂；而且在于人们扰乱意识形态领域，通过改变或再接合它的联想意蕴，从而改变它的意义，比如将其从负面转向正面的含义。实际上，意识形态斗争通常包括人们力图为现存的术语与范畴争取新的意义，或者把它从意指结构中的位置上解除接合。例如，正是因为"黑色"这个词隐含了最受轻视的、流离失所的、未开化的、不文明的、无教养的、诡计多端的、无能的那些负面含义，它才能被质疑、被改变，被赋予正面的意识形态意义。"黑色"的概念并不是某一特定社会群体或单一话语的专有属性。用拉克劳（1977）的术语来说，尽管这个词有强大的联想力量，但是它没有必然的"阶级归属"。过去它被深深地插入种族区分与误用的话语中。长久以来，在社会与经济剥削的话语和实践中，它明显已经固定在它的位置上。在牙买加历史上，当民族资产阶级想要跟群众联合起来，为了争取正式的政治独立，跟殖民力量战斗时——在这场战斗中，本土资产阶级，而非人民群众，作为主导性的社会力量出现——"黑色"是一种伪装。在1960年代后期与1970年代席卷牙买加的文化革命中，人们第一次承认并接受了他们的非洲—奴隶—黑人遗产，社会的支点或重心转移到了"根"上，转移到城市与乡村的黑人底层人员的生活与共同经验上，这些被认为代表了"牙买加性"的文化本质（这一刻属于政治激进化、全面动员、为争取解放与黑人斗争团结一致、"灵魂兄弟"、"灵魂乐"以及雷鬼乐、鲍勃·马利、拉斯特法里教派），此时，"黑色"被重新构建为它的对立面。它成为建构"统一体"、正面认可"黑人经验"的场域：这一刻形成了**新的集体主体**——"斗争的黑人群众"。关于"黑色"的意义、立场与标识上的这种改变并不**遵循**与**反映**牙买加那个时期的黑人文化革命，它只是那些新的主体得以**建立**的方式之一。那些人——具体的个体们——一直都在那里。只不过，作为为了历史的新纪元而斗争的主体，他们是第一次出现。通过一个古老的范畴，意识形态成了构成自身相反形态的基本要素。

因此，虽然词语有其漫长且不易被废除的历史，但它本身并无特定的阶级内涵。随着社会运动围绕特定的纲领展开斗争，看似永久固定在其位置上的意义开始失去它的系泊之位。简而言之，概念意义的改变源于围绕内涵链与社会实践的斗争，正是这些内涵链与社会实践通过对"黑色"一词进行负面建构，从而使种族主义成为可能。通过侵入其负面定义的腹地，黑人运动盗取了这一术语本身的火种。正因为"黑色"这个词一度用来指示最不受尊重的一切事物，它才能够被作为"美好"加以肯定，成为要求与引起尊重的正面社会身份的基础。那么，只有在跟围绕意义链进行的论争以及这种论争涉及的社会力量有关联时，"黑色"这一术语才存在于意识形态层面。

我本可以选择任何一个概念、范畴或意象，围绕着它，群体得以组织与动员，新兴社会实践得以发展的。但是，我想选择一个在整个社会都有强烈的共鸣的概念，正是围绕它，社会斗争与政治运动的方向在我们有生之年的历史中发生了改变。由此，我想说，以非还原（nonreductionist）的方式思考这一术语为我们打开了一个新的空间，使我们得以超越"好的"或"坏的"意义所进行的唯心主义交换；超越只发生在话语层面的论争；超越那永久不变的婴儿期所形成的特定的无意识过程。意识形态领域有其自身的机制；它是关于章法、规则、社会斗争的"相对自主"的场域。它不能摆脱或独立于决定作用，但是它也不可被还原为仅仅由社会形态中任何其他层次所决定，在这样的社会形态中，黑和白的区分变得与政治相关，通过它，种族的整个"无意识"都被接合起来。这一过程现实地造成和影响了整个社会形态在意识形态层面再生产自身的方式。围绕"黑色"这一概念进行斗争的作用就是，如果它足够强大的话，它会阻止社会以**那种**旧的方式功能化地再生产自身，社会再生产本身成了被质疑的过程。

因此，与阿尔都塞所强调的论点相反，意识形态并不是只有"再生产社会生产关系"的功能。意识形态也**限制**了一个社会可以轻易地、顺利地、功能化地再生产自身的程度。那种认为意识形态一直-已经被铭刻的观念不能让我们思考语言与意识形态中声部的转换，而这种转换是一个持续、无尽的过程——是沃洛辛诺夫（1973）所说的"以语言进行阶级斗争"的"意识形态符号的多声部"。

第七讲

支配与领导权

这一讲的主题是社会形态中权力的组织以及支配的性质。我尤其要谈一下安东尼奥·葛兰西（Antonio Gramsci）在理解发达资本主义民主社会中的支配形式与斗争可能性方面所做的贡献。我不打算完整解读葛兰西的思想，甚至不会谈及他为当代马克思主义理论与文化研究所贡献的许多重要见解与概念。实际上，我之前的许多论点正是基于葛兰西留给我们的成果。例如，我运用葛兰西的理论完善阿尔都塞的概念，并针对阿尔都塞的"结构主义范畴的强化"（hardening of the structuralist categories）的概念提出了替代性方案，为其设定了限定范围。这一讲，我会集中讨论那些直接影响了我们对支配的理解的概念：特别是国家、意识形态、领导权（hegemony）和领导权政治（hegemonic politics）。首先，我会对葛兰西做一些初步的评论，并在他强烈的反还原主义这个更广泛的语境中，对他的领导权思想进行定位。

葛兰西是一名意大利马克思主义知识分子和激进分子，意大利共产党的创始人之一。他出生于意大利海岸之外的一个岛屿，撒丁岛。他是一名社会主义记者，一战后曾是都灵和意大利北部工厂斗争中的积极分子，所以他积极活跃于无产阶级意识高涨的时期。在一战前后，人们看到，一个先进的工人阶级——这个阶级的进步正是由资本推动的，它站立在抑制它的那些过程的最前线——开始意识到自己具有按照心目中的意象打造世界的能力。我们从席卷欧洲的许多斗争中都能看到那一刻：威尔士与英格兰的工人罢工，匈牙利革命，夭折的德国革命，法国的大规模罢工以及都灵的工厂委员会运动。当人们说马克思与恩格斯预言的欧洲革命没有发生时，我想知道，他们有没有意识到它几乎发生了。它几乎发生了，尽管是以特定的形式，至少在英国、法国以及部分程度上在西班牙和美国，这一特定形式不是经典马克思主义的"阶级意识"(class consciousness)，而是工团主义(syndicalism)。意识层面的工团主义形式突出了无产阶级的运动以及其掌握科学与工业革命的能力，使无产阶级认识到自己手中握着资本主义生产的钥匙，并确信自己可以统治世界。比如，如果你读了《新秩序》(*Ordine Nuovo*)、《前进》(*Avanti*)、《统一》(*L'Unità*)[①]上葛兰西和其他人的文章，你会看到，它代表了自

---

① 都是意大利的报刊，其中《统一》曾是葛兰西所创立的意大利共产党的官方报纸。——译者注

认为可以走上统治地位的无产阶级。当然了,无产阶级那时不能,也没有成为统治阶级。如后来的结果所显示的,那一时期并非资产阶级最后的喘息,而是它充满恢复力的阶段之一。经历了种种斗争之后,资产阶级变得更强大、更有支配能力,不过前提是它改变自我,放弃了旧的形式,通过在新的表征系统中接合自己而找到了新的形式。它做到了这一点,并延迟了当时无产阶级前进的脚步。

这个历史关头(conjunture)——一个充满了政治斗争、胜利、失败与变化的高度紧张与矛盾的时刻——使得葛兰西能够看到一些重要与深刻的事情,这些事情与马克思主义、西方工业资本主义的性质以及无产阶级与其他形式社会斗争的性质有关。我认为,葛兰西作为政治激进分子的事实、他所处的政治时期、他相关的意识与行动方式跟他作为马克思主义思想家留下的遗产之间有着明显的联系。在这一特定形势下,葛兰西关于许多特定场域的思想都极具震撼力和原创性。他并非一个普遍意义上思想成体系的理论家,但在相关的许多政治与理论场域,他发展了一些卓有成效且很先进的概念:首先是关于机械化和还原论形式的马克思主义领域;第二是在正视国家与市民社会的现实性与复杂性,以及西方资本主义民主制中的意识形态与上层建筑方面;第三是正视资本主义向法西斯主义堕落的时刻。当然,后者对于理解葛兰西十分关键,特别是考虑到他产生最重要的思想时所遭受的束缚:他被墨索里尼政权关进了监狱。《狱中札记》(*Prison Notebooks*)

（Gramsci, 1971；除了特别标注，本讲以下涉及的页码都是出自该文本）之所以晦涩，部分原因就是由于他发表言论时不得不考虑到审查的因素。他从监狱出来时已经是身心交瘁，没过几年就去世了。

然而，我们要记住，葛兰西的工作并不是为了提供另一种解读马克思主义的方式，他也不是要提出另一套抽象的概念来限定唯物主义的分析。相反，葛兰西深知，马克思思想的总体架构在理论层面应该不断地被加以发展，被应用于新的历史条件，要与马克思和恩格斯都不可能预见的社会发展相联系，进而再通过新的概念将其扩展与完善。葛兰西所贡献的正是这种"练达化的"（sophisticating）工作。他的思想发挥了一些并非出自经典马克思主义的概念，没有这些概念，马克思主义理论就不能充分解释我们在现代世界所遭遇的复杂社会现象。因此，他的"理论"著作总是从更有机地参与现实政治斗争中发展而来，总是意在服务于"启迪政治实践"的目的，而非抽象的学术目的。葛兰西的研究运用理论来阐释具体的历史实例或政治问题，也就是葛兰西所说的历史"关头的"问题。因此，他的研究经常显得**太过**具体，太具有历史特殊性，太局限于特定的时间与语境，太过于描述性地分析。他最富启发性的思想和提法都有这些特征。为了能够在更广泛的层面上运用这些思想，我们必须谨慎地将它们从其所嵌入的具体而特殊的历史语境中发掘出来，并小心翼翼地将其移植到新的土壤中。这不同于阿尔都塞与普兰查斯试图将葛兰西不够理论化的文本进行理论化的努力，在我看来，他们的做法乃是基于对葛兰西思想的运作所处的适当抽象层次的错误理解。

葛兰西强烈反对对马克思主义进行机械化的解释，这些机械化的解释不仅得以流传，而且仍然以理论与政治的形式被奉若圭臬（通过第二国际以及列宁与斯大林的观念与实践）。相反，葛兰西强调结构（他用这个术语代替基础）和上层建筑之间关系的重要性。他用复杂得多也更具差异化特征的分析形式来取代从经济决定"读取"政治与意识形态发展的还原主义方法。这不是基于"单向决定"，而是基于分析"力量关系"，旨在区分（而非一视同仁）这种在历史关头发展出来的"不同阶段或层次"。只有通过相当复杂的过程，我们才能将分析从描述资本主义社会形态的基础关系扩展到"从经济结构到复杂的上层建筑领域的关键性过渡"（p.181）。尽管他仍在使用基础与上层建筑的语言，但是，他看到了结构与上层建筑之间相互联系及不可逆转的关系。在任何特定社会中，一旦阶级矛盾在经济、政治、意识形态和文化形态层面得以发展，这些复杂的接合形式就不可能被压缩回产生它们的基础中。也就是说，葛兰西只从它们的相互关系最终所产生的作用方面思考结构与上层建筑的关系；或者用我的话说，他主要考虑的是，它们是否能够对实际的社会与政治条件进行有效地再生产，以服务于资本主义方式的现实扩张与发展。虽然葛兰西自己的哲学导向是"实践的马克思主义"（这跟威廉斯与汤普森的文化主义关系密切），我认为，他是以结构主义的方式来思考决定问题以及资本主义再生产的不同实践的作用。

葛兰西不能容忍并经常讽刺那些强行以工具论的马克思主义、经济或阶级还原主义的方式对待这种复杂性的做法。在他看来，那样的理论只是满足了试图揭露万恶资本主义幕后运作的揭发派马克思主义（Marxism of exposure）。它的分析基于"直接的阶级利益"（以提问的形式，谁直接从中获利？）——好像每种阶级利益都是内在于它的社会地位，而且被印刻在其中每位成员的脊背之上——并以此取代更充分、结构性地分析"经济阶级的构成……及其内在关系"（p.163）。在每一个特定场合，它都会发问，资产阶级到底能获得多少利润回报？葛兰西认为，这是一个庸俗的经济问题。资本主义在运行中，常有哪个资产阶级派别都不获利的情况，这是资本主义的内在要求。它常常需要国家权力强行使资本做出让步，只有以此为代价，资本主义才得以继续存在。所以，有些观念认为，只要能确定从特定事件中取得经济获利的主体，便可以解开和无视经济的、阶级的、政治的、社会的和文化的关系与**斗争**的复杂性，这样的观念只会造成对现实复杂性的忽略。这种观念只是**看起来**比较唯物与科学罢了。那种将历史视为是资产阶级和工人阶级中各种派别之间的持续剥削的观念只会得到葛兰西的鄙视；它与生产方式再生产自身的过程无关。那么，这是不是意味着，经济要素在历史危机与条件的发展中毫无作用呢？当然不是，只不过它的作用是"奠定基础，更利于传播某些思想，提出和解决关系国家生活整体进一步发展问题的某些方法"（p.184）。简而言之，我们只有看到了"客观的经济危机"如何通过改变社会力量的平衡关系，从而演变为国家与社会的危机，进而体现在影响民众观念的伦理-政治与意识形态斗争中，我们才能进行卓有成效的分析，这种分析植根于结构与上层建筑之间至关重要而且不可逆转的过渡中。由此，他说，任何非还原主义及非经济主义方式进行分析的关键核心就是"结构"与"上层建筑"的关系，或者是任何有组织的历史运动经由整个社会构型从经济"基础"向伦理-政治关系领域的"过渡"。提出并解决此类问题要求我们分析社会形态中不同社会实践多元决定的复杂关系。（在此可以看出葛兰西思想对阿尔都塞的巨大影响。）

这便是葛兰西（1959）在《现代君主》（The Modern Prince）中所贯彻的规程，在那里，他勾勒了自己"分析局势"的典型方法框架。其中的细节部分很复杂，它的精妙之处也无法在这里详细展开，但是其大致梗概很值得被列举出来，即使仅仅为了把它跟更加还原主义的方法或更严格意义上的结构主义方法加以比较。他把努力"确立不同层次的力量关系"看作是在进行"初步地阐释政治科学与艺术——政治科学与艺术被看作一整套可供研究的实践规律和详细观察结果，有利于唤起对实际现实的兴趣，激发更加严格和活跃的政治洞察力"（pp.175-176）——他补充说，这种努力必须具有战略性的特征。

首先，他认为我们必须了解社会内部的基本结构——客观关系——或者"生产力的发展水平",因为这些对历史发展的形态设置了最根本的限定与条件。正是从它们中产生了有利于历史朝这样或那样的方向发展的主要力量与趋力线。还原主义的错误在于,**直接**把这些趋力与约束视为它们具有绝对决定性的政治和意识形态作用,换句话说,将它们抽象为某种"必然性的铁律"。实际上,只有在它们规定了历史力量的运动场域这个意义上,它们才具有组织和决定作用;它们定义了可能性的视野。但是,它们始终都不能完全决定政治与经济斗争的内容,更不用说客观地决定或保证这些斗争的结果了。

其次,他在分析中区分了注定能深入社会内部并相对持久的"有机的"历史运动和更加"偶然、直接、甚至意外的运动"。在这方面,葛兰西提醒我们,一种"危机"如果是有机的,可以持续几十年。它不是一种静态的现象,而是充满了持续不断的运动、论战、抗争等,这些代表了各方势力在争取自己长期利益的前提下克服或解决危机所做的努力。葛兰西认为,理论中的危险做法在于"把实际上只是间接作用的起因当作直接起因,或者断言直接起因就是唯一有效的起因"(p.178)。前者会导致过度的经济主义;后者则引向过度的意识形态主义。(尤其是在挫败阶段,葛兰西十分关注这两个极端之间发生的关键性振荡,在现实中它们以相反的形式映射彼此。)在葛兰西看来,并不存在必然地将经济起因转变为直接政治作用的"像法则"一样的情况,而是只有当那些潜在的起因成为新的现实时,分析中的证明才是成功的或者"正确"

的。以条件的时态（conditional tense）来取代实证主义确定性是至关重要的。

葛兰西接着强调，不能机械地预测危机的持续时间和复杂性，它们会随着历史时期不断发展；会游移于相对的"稳定"期和迅猛剧烈的骤变期之间。因此，阶段性就成了分析中的一个关键方面；其重要程度可以跟他对历史特殊性的强调相提并论。"正是对这些频率不断变化的'间隔'进行的研究使人们一方面能够重建结构和上层建筑的关系，另一方面重建结构中有机运动和遇合运动的关系"（p.180）。葛兰西的这一研究毫无机械或教条的色彩。

如此一来，便有了动态的历史分析框架的基础，葛兰西转而分析历史力量运动——"力量关系"——它们构成了政治与社会斗争与发展的实际场域。此处，他引入了一个重要的观念，我们要寻找的不是力量关系中的这一方绝对完胜那一方，也不是一方的力量被另一方完全收编。确切地说，要分析的是关系问题——即，要从关系上解决的一个问题，基于"不稳定的平衡"或"不稳固的平衡持续形成与取代的过程"这些观念的运用。至关紧要的问题（它不应该被转变为一种解释）是"力量关系对这种或那种趋向有利还是不利"。这种对"关系"和"不稳定平衡"的着重强调提醒我们，在某个特定的历史时刻失利的社会力量并没有从此就从斗争场域上消失；这种形势下的斗争也没有中止。例如，那种认为资产阶级"绝对"且完全战胜了工人阶级或者认为工人阶级的需求被完全并入资本主义的观念，完全异质于葛兰西关于支配的思想（更加与他的领导权概念不相容）——尽管在学术与政治评论中这一点经常被人误解。最为重要的总是力量关系中有倾向性的平衡关系。

接着，葛兰西区分了"力量关系"的不同阶段。他认为，这些阶段之间并不存在必然的目的论的演化关系。第一个阶段有关客观条件的评估，它安置与定位了各种不同的社会力量。第二个有关政治阶段——"不同社会阶级达到的同质性、觉悟高低和组织程度"（p.181）。非常重要的一点是，他没有推论性地设定所谓的阶级统一。我们知道，虽然阶级有一定共同的存在条件，但是在实际的历史形成过程中，它们会由于冲突的利益而被分割与分裂。因而，阶级的"统一"必然是错综复杂的，它的产生——建构、创造、接合——是特殊的经济、政治、意识形态实践的结果。阶级决不能被认为是自发与"既定"的。葛兰西激进地对经典马克思主义中占中心地位的这种自发的阶级观念进行了历史化，同时，他进一步阐释了马克思对"自在阶级"和"自为阶级"的划分。他指出了阶级意识、组织与统一——在合适的条件下——得以发展所经历的不同阶段。首先是"经济社团"阶段，行业或职业集团意识到它们的共同利益，但是没有意识到更宽泛意义上的团结。然后是"阶级社团"阶段，这时阶级利益的团结进一步发展，但仍局限于经济领域。最后就是"领导权"阶段，它超越了纯粹经济团结阶段的社团制约，囊括了其他从属集团的利益，开始"在社会中传播——不仅带来经济和政治目标的一致，也引起精神与道德的统一，并产生了各种问题及围绕这些问题的激烈斗争……从而造成了某个基本社会集团对一系列从属集团的领导权"（pp.181-182）。正是占支配地位集团的利益和其他集团的普遍利益之间的协调过程，以及作为一个整体的国家生活，构建了特定历史集团的"领导权"。只有在这种"国家群众"统一的阶段中，他所谓的"集体意志"才有可能形成。然而，葛兰西提醒我们，就算是这种高度有机的统一也不能保证特定斗争的结果，斗争的输赢也取决于军事与政治—军事力量关系的关键性战术的结果。不过，他强调"政治……高于军事，只有政治才能为战斗中的机动和运动创造机会"（p.232）。我会继续探讨领导权概念，不过，首先有必要简单评论一下葛兰西的国家概念和意识形态理论。

国家的作用在经典马克思主义思想（除了列宁）中的位置最多也就是边缘的。国家概念在当代马克思主义论辩中的中心地位很大程度上得益于葛兰西以及被他影响的人。国家是一种新型的结构性力量，它经常置身于经济或阶级力量的直接作用和文化关系之间。因此，在发达的资本主义民主社会，文化与意识形态场域跟国家的关系应该被视为跟生产方式的关系一样密切。国家常常被葛兰西称作组织市民社会的层域。在这里，经济阶级的治理转变为政治权力；经济阶级的权力得以集中和凝缩，被赋予了国家自身的权力和权威。

此外，正是由于国家的作用，文化关系经常得以组织和重组。我们只需要从有权使用技术以及构建人民身份认同方法的角度看一下公众或大众舆论的意识形态领域跟市民社会制度——报纸、大众媒体、教育机构与教会——之间的关系，就能意识到，正是国家规定了许多文化与意识形态生产的形式。葛兰西对于国家监管功能——作为管理社会关系的代理人，作为法律与治理层域——重要性的认识是至关重要的洞见。在葛兰西之前，这一点并不被列入用来思考文化、意识形态及其他社会实践领域之间关系的马克思主义常见术语中。

葛兰西从根基上动摇了仅仅将国家当作统治阶级的强制工具的经典马克思主义—列宁主义说法。在发达资本主义工业社会中，国家并不仅仅是强制的，它的非强制活动也不仅仅是真正强制机器的伪装或掩盖。葛兰西指出，国家也具有教育作用：它扩展了社会与文化层面的可能性；它使人们进入全新的领域。它必定是一个已经存在让步的充满矛盾的场域。如果没有国家的这种双重性，我们怎么可能理解西方资本主义工业社会在各地采用福利制度——通过立法——的重要性？你就只能说，这实际上只是资产阶级的诡计，有些马克思主义者确实就是这么说的，然而，这么说忽视了以下事实，即无数人们为之奋斗，通过斗争从国家手中夺回本该属于他们的福利，并持续进行政治斗争以加强国家在这个方面的制度。如果我们认为福利好像只是资产阶级用以继续剥削工人阶级的一种狡猾的方式，那么我们如何理解这些斗争？我们不可能只是以如此简单的方式定义国家，好像它只有一种工具性的强制作用，当然，这也不是说国家没有强制作用。

国家试图动员以取得文化与意识形态认可，有时是通过强制作用，有时是通过教育与监管功能，而大多数时候则是通过这两者的结合。国家关注的部分对象就是市民社会领域的公众舆论，它不能直接控制或制造但可以组织这种舆论。这使我们认识到，国家虽然一直都是充满矛盾的层域，但它和占支配地位的社会力量、意识形态系统以及经济中的阶级地位相接合。不过，这并不是说，通过这种方式，它仅仅只被资产阶级所控制；它与阶级的联系并非已经"盖棺定论"或已被保证。正如列宁所理解的，它需要自身与资产阶级的分离。在发达资本主义工业社会，通常是国家引起资产阶级的统一，它使那些在日常经济交易中自身无法统一的资本的不同派别团结起来；它为那些派别提出了使它们更加团结的政治纲领。然而，如果国家想要发挥更加多样与多元的职能，它就需要从传统阶级矛盾的直接作用中适度地分离出来，保持一定的特殊性和相对自主性。

葛兰西采用了初看似乎有些传统的意识形态的定义，他从"任何世界观，任何演变为一种文化运动、一种'宗教'、一种'信仰'的哲学，任何曾经产生了把哲学当作潜在的理论'前提'而包含其中的实践活动或意志的东西"[原文如此]出发，接着提到，"这里，人们可能会说'意识形态'一词，但前提是在隐含于艺术、法律、经济活动和个人与集体生活的一切表现中的世界观的最高意义上使用该词"（p.328）。随后，他清楚地说明了意识形态所应对的问题或者它的基本功能："维持通过意识形态得以凝聚与团结的整个社会集团的意识形态的统一"（p.328）。然而，即使是这样的定义也不像它看起来的那么简单，因为它规定了位于任何独特的意识形态或世界观中心地位的哲学内核或前提，以及使世界观成为意识的实践或流行形式的详细阐释之间所存在的基本联系，它以文化运动、政治信念、信仰或宗教的形式影响社会中的广大群众。葛兰西**决不会**仅仅关注一种意识形态的哲学内核；他总是着眼于**有机的**意识形态，它们"组织人民群众，并创建人们在其中进行活动，获取地位、斗争等方面的意识的场域"（p.377）。

这是葛兰西对"哲学"和"常识"进行重要区分的基础。意识形态包含了这两种不同的"层面"。一种意识形态的连贯性通常依赖于它专门的哲学阐释。但是，这种形式上的连贯性并不能保证其有机的历史作用。这种作用只有在哲学思潮进入、改变与转换人民大众实践中的日常意识时才能被看到，后者就是被他称为"常识"的领域。常识是不连贯的；它通常是"不系统与不定期的"，支离破碎，充满矛盾。在常识中，随着时间的推移，较连贯的哲学系统的踪迹"层层积淀"沉淀下来，却没有留下任何显明的清单。它自身代表了"传统的智慧或者岁月的真理"，可是，实际上，它是历史根深蒂固的产物，是"历史过程的一部分"。那么，它为什么重要呢？因为它是概念与范畴的领域，人民大众的实践意识实际上正是在这一领域得以形成。它是已经形成的"理所当然"的观念的场域,如果想要塑造群众的世界观,并在历史层面产生效果的话,一种较连贯的意识形态与哲学思潮必须争夺对它的控制权,而新的世界观也必须质疑甚至改变这一场域:

> 每一种哲学思潮都留存着"常识"的沉淀:这是其历史有效性的证明。常识并不是某种严格的、不变的东西,它不断改变自身,用科学思想和进入日常生活的哲学观点丰富自身……常识创造未来的民间传说,在一个既定的地点和时间,它是大众知识的一个相对严格的阶段。(p.326, n.5)

正是这种对**大众思维**的关注使得葛兰西的意识形态思想独树一帜。由此,他认为,人人都是自己思维领域的哲学家或者知识分子,因为所有的思维、行动及语言都是自反性的,包含道德行为的意识路线,因而维持着某种特定的世界观(不过,不是每个人都具有"知识分子"的专门职能)。

此外,对于自己基本的生活条件、共同所受到的约束与剥削形式的本质,一个阶级总会有其自发、生动、本能的理解,虽然这种理解并不连贯,也未在哲学层面得以说明。葛兰西把这种理解称为"健全的见识"(good sense)。不过,它需要政治教育与文化政治的进一步工作,从而修复和阐明大众思维——常识——那些混乱的建设,将其转变为更加连贯的政治理论或哲学思潮。这种"大众思维的养成"是建构集体意志过程中不可或缺的部分，它需要知识分子组织广泛地开展工作——这是任何领导权政治战略的基本部分。在这个意义上，葛兰西提出，群众的信念不是一个可以置之不理的斗争舞台，它们"本身就是物质力量"（p.165）。

葛兰西在这一问题上的思考也包含了建构意识形态**主体**概念的新方式。他完全否定任何预先给定的统一的意识形态主体观念——比如，具有"正确"革命思想的无产阶级或者保证拥有反种族主义意识的黑人。他认识到，自我或者构成所谓的思维与观念主体的认同具有"多元性"，意识的多面性不是个体一个人的事情，而是"自我"和构成社会文化场域的意识形态话语之间关系的结果。他指出："性格的构成千奇百怪"，它包含"石器时代的要素，较发达的科学原理，来自历史上所有阶段的偏见……以及未来哲学的直觉"（p.324）。通常，在转瞬即逝地表现在行动中的世界观和在口头或思维中得以肯定的世界观之间存在意识上的矛盾。这种复杂、破碎、矛盾的意识观念被当作"虚假意识"加以优先解释，这不过就是从自我欺骗方面进行的解释，葛兰西正确地认为这样的解释是不充分的。

同样，虽然葛兰西认为意识形态问题一直都是集体的与社会的，而非个体的，但他也认识到意识形态领域的复杂性和跨话语特征。从来不存在任何普遍的、单一的、统一的、连贯的"占支配地位的意识形态"，而是"同时并存着许多哲学体系和思潮"。那么，分析的对象就不是能自动吸引任何事物、任何人的"占支配地位观念"的单一主流,而是要分析不同的分散的潮流,它们的交汇与断裂点;简而言之,一种意识形态的复杂、整体或分散构型。问题在于,"它们是如何被传播的,在传播的过程中,它们为什么会沿着某些特定路线、朝着某些特定方向分裂开去"(p.327)。

我认为,很明显,从这种论述的方法中,葛兰西得出,尽管意识形态领域总是和不同的社会与政治地位相接合,但它的形式与结构并不精确地反映、匹配或"呼应"社会的阶级结构。他指出,观念"并非在每个人的头脑中自发地'产生':它们具有形成、发散、传播和说服的中心"(p.192)。它们的特征不是心理学的或说教的,而是"结构性的和认识论的"。因此,它们的改变或变化不是通过用另一种世界观取代已经形成的一整套世界观,而更多是通过"对现存的活动进行革新,使之具有'批判性'"(p.331)。葛兰西明确承认意识形态领域的多声部、跨话语的特性,例如,在描述旧的世界观如何逐渐被另一种思维模式所移置,并从内部被加工与改变时,他写道:

> 重要的是这种意识形态复合体所受到的批判……这种批判可能造成旧的意识形态曾具有的相对重量发生分化和改变。从前位于次要和从属地位的要素……成为新的意识形态与理论复合体的核心。由于从属要素在社会中的发展壮大,旧的集体意志分解为自相矛盾的要素。(p.195)

在认识意识形态的斗争过程方面，这完全是更具原创性和生成性的一种方式——很明显也是我能够重新解读阿尔都塞的基础。它包括了以下概念，比如现存的文化场域，这一场域由先前的历史所架构，而所有"新的"哲学与理论流派都在其中活动并必须与之相妥协；这一场域的既定结构和决定特征；影响不同话语要素结盟的解构与重建过程的复杂性；一种思维模式与另一种模式逐步解除接合（disarticulation），以及该思维模式和一系列不同的社会实践与政治立场的重新接合（rearticulation）。

在葛兰西看来，阶级的形成与国家有关；它们并不是在国家之前就已经是拥有纲领的统一阶级。国家也并不只是用强制权力贯彻那种纲领的空洞工具或渠道。如果认为我们的社会被那种简单的支配作用所统治，这样的想法倒是很省事，但是葛兰西的领导权概念激进地挑战了这种简单的支配观念。虽然许多当代的马克思主义者使用领导权与支配概念时，将它们视为似乎可以互换的概念，但实际上它们大有不同。当我们使用支配、文化支配或收编这些术语时，我们直接简化了葛兰西的领导权概念的涵义。那么，在解释领导权概念的时候，从描述葛兰西没有赋予它的意义出发倒是不无裨益。然后我们就能够领会他为统治的性质、政治及支配这些概念赋予更加开放与宽泛涵义的方式。同时，我们也能够认识到，他的分析是以我们看得到的发达大众资本主义工业社会中的现实政治形势与条件为中心的。

他的领导权概念不是指每个人都因为被意识形态形式或媒介所迷惑，因而被并入现存体制。如果认为我们生活其中的异常复杂的社会实际上是由媒介信息粘合在一起的，这不过是还原主义、工具主义和阶级幻想的立场。尽管听起来有些粗略，但是，相当一部分马克思主义文学在试图解释西方社会是如何自愿维系在一起——共识是如何建构的，为什么工人阶级不发动革命，为何历史没有遵循阶级斗争的节拍——的时候，正是基于这种立场。领导权不是意识形态的神秘化，也不仅仅是合并全部的文化支配，就好像所有矛盾与对立的力量与实践都被吞噬不见，永远消失在历史中。这样的情况或许发生过，但是，领导权中支配的实际建立更多地意味着要积极地包容、教育、重塑对立势力，使其存留在它们的从属位置上。葛兰西在领导权概念中所强调的是这种从属的工作，而不是合并全部的功绩。

领导权既不是指国家的强制权力，也不是指某个经济阶级单纯工具化的统治。领导权并不意味着一个经济阶级的统治。葛兰西感兴趣的是政治构型与政治阶级派别的多样性，正是通过这些，资产阶级得以统治。他以19世纪的英国为例指出，当它的社会关系正在成为资本主义的时候，其实际的统治体系仍然主要掌握在拥有大量土地的资产阶级，而非商人、工业或商业阶级手中。他关注的是，特定的经济阶级通过各种其他中介形式——通过特定的政党或某一特定历史集团的形成——而在政治层面发挥其支配作用。这就是葛兰西思考经济矛盾和政治形式之间非还原性关系的方式。当领导权作为一种政治统治形式被建立起来，它不是涉及整体的阶级，而是涉及一种历史集团的形成，这种历史集团为一段时期的领导权提供政治、社会、经济上的基础。这种集团把占统治地位的阶级中的领导层和其他阶级中的下属、从属部分，中产阶级与小资产阶级，以及其他被拉入权力矩阵或构型中的大众阶级结合起来。也就是说，领导权是指，一些要素能够通过动员群众力量获得支持，从而在政治上占统治地位，并在意识形态上占支配地位（在特定国家的统治中）；通过动员、殖民、收编、抓取、包围或抑制那些必要的要素，从而博取或保持大众阶级的支持。领导权蕴含一个集团的形成，而非一个阶级的出现。正是某一特定历史集团或构型在整个社会上的优势地位的建立构成了领导权，只有在那个集团能够推广某一特定团体的利益与目标，使其获得类似于大众的认可与同意时，这一过程才得以完成。在这个意义上，统治的政治计划被葛兰西的术语和概念彻底改变。许多政治构型都在不能建立领导权的情况下进行统治。只有领导权能够让领导集团为作为整体的社会设定一系列的历史任务，并着手使各种不同的社会团体与制度顺应任务的方向，或者配合该任务。这任务有时是攻克某一特定的危机；有时则是为社会提出新的目标，让社会成员从事新的历史事业。因此，领导权涉及政治力量能够为了历史任务赢取或动员大众支持的方式。

领导权不会消除统治者和非统治者间的差异，它并不抹掉把从属阶层和占统治地位的阶层分开的界线。相反，它为那些位于从属地位以及被排斥的人们提供了进行政治实践的空间，使他们拥有自己的社会空间。领导权并不意味着他们不得不被剥夺生存或被虐至默许。只要他们总是被抑制在处于从属地位的政治实践范围和意识形态表征系统中，他们就可以拥有自己的空间。在领导权统治的时刻，它可以和相当大范围的工人阶级的生活、组织、机构完美共存。唯一有必要牵制的是那些出现在我方与他方的意识形态分界附近的阶级意识与斗争形式。某个从属团体的场地——"我们当然是不同的阶级。我们不属于那里。我们有自己的地盘。来我们的社区，来我们的俱乐部，来我们工人阶级的文化中。看我们在自己的地方。"——可能正是被领导权领导作用支配的从属空间。从属阶级以现实社会实践、政治空间、真实机构的形式存活下来，这些形式让一个阶级得以阐释自己的生活，而它使用的语言总是他人的，所处的政治空间也总是由他人规定的。这就是一个团体在另一个团体之上建立领导权的方式。领导权（hegemony）关乎领导（leadership），而非只是关于支配。

领导权的运作并非没有阻力，因为它不能克服社会结构中的所有基本矛盾，也不能完全抑制所有那些不属于历史集团的要素。但是，它能够占据领导性的、起决定作用的地位。它能够对场域有一定的控制。它能够在社会中推广其统治，使自身成为"理所当然"的，也就是说，建立对话得以开展的要点和计算得以进行的等级范围。社会得以开始运作的地方正是一定的权力平衡点，是在许多关键领域中力量的平衡点，也正是在那一点上，人们认识到领导权的形成。

当然，领导权绝不是没有强制；没有哪个国家是在废除警察力量的情况下建立其领导和权威的。共识通常是领导权得以产生的主要层域，但这样的事实并不意味着不存在强制。共识总是得到强制实施与支配能力——必要时——的支持、巩固和支撑。但是，领导权绝不纯粹是强制。纯粹强制的阶段显然就是占支配地位或统治地位的团体相对不稳定的阶段。这一点使人不得不想起阿尔都塞（1971b）的"强制性国家机器"，让人们在你身后排成一排跟以下情况相比更加暴露，即你可以诉诸人们自由选举与不记名投票的权力，这总是倾向于使已经大权在握者获胜。强制与认可的环节总是相互补充、交织与依赖，而非各自分离的要素。大部分的剥削系统都是由强制与认可的双重调节得以维持的；它们总是一直在场。甚至当权力主要通过共识模式运作的情况下，强制也作为葛兰西所说的"支持系统"发挥作用。不过，我们也要认识到，各种占支配地位的社会结构在维持和再生产其支配地位的节拍与节奏上存在重要的转变。领导权并非指向推翻一种模式以建立另一种，而是指向从强制一端向共识一端的运动。例如，近来的英国历史上就有这么一个时期，随着时间在1970年代的推移，虽然现存的政治力量仍然控制着国家——在选举方面和其他方面都是如此——但是在强制与认可的平衡上出现了重大的改变。随着共识越来越难维系，随着保障共识机制运作的物质条件变得越来越脆弱并引发质疑，人们发现，国家和制度的强制要素在维持占支配地位的模式中越来越发挥重要的作用。那时，法律、"社会的监控"实践以及权威话语的作用在训导与管理社会中更加被凸显。

领导权是能够控制全局的领导权，它的意思就是掌控。它意味着持续控制某一局势。如果你要说它蕴含着不明显的强制性支配形式也未尝不可。那种认为领导权一旦建立就永远持续下去的观念与葛兰西的概念是很不相容的。维持领导权并不容易，要一直努力才能赢取。一个占支配地位的集团不得不一直努力以便争取领导权的建立和持续。它必须在社会中占领再生产其权威所需的空间，从而获得领导权和对替代力量的抑制。领导权并不需要吸收或摧毁那些力量，它有大量的空间留给那些不能存在于系统内部的力量。它完全能够包容那些边缘者与越轨者，部分以铁拳，部分用安抚。不过，那些开放空间的存在本身就是它统治能力的证明。

在葛兰西看来，只有在这种领导权的霸权阶段，一个历史集团才能掌握社会，使其符合建立、发展、扩大特定集团与经济形式的权力所需的新条件。当一个历史集团能够重塑社会形态，使它跟社会、政治实践与意识形态表征相一致，从而为新的历史任务、独特事业的发展、应对危机的能力提供条件时，它才是真正有领导权的——在道德、智识、文化、政治以及经济层面都是如此。值得注意的重要一点是，葛兰西之所以建构领导权概念，是因为他认为此前它从未在意大利实现过。这不能用缺少一个统治的阶级来解释，而是指向存在两个一直互相斗争的阶级：一个在南方，仍然强烈地依附于封建生产模式；另一个在北方，建立在混杂却主要是现代特色的经济系统之上。因此，并不是说意大利没有受到特定生产方式决定性的影响，而是说没有一种意大利社会的力量能够在被葛兰西叫作"全国人民"（national popular）的场域上建立起资本主义模式与整体民众的事业之间的同一性。于是，意大利缺少领导权统治是因为未能在国家直接施加管制之外的普通人民的常识领域进行运作，从而为将资本主义发展为全国性事业打下基础。而正是在这一环节，领导权为生产方式的真正扩张、大幅改变方向或化解特定危机创造出它们所需的条件——文化的、经济的、道德的和政治的条件。

由此可见，领导权只能被构想为一个历史的过程，而非已经完成的事物。不过，另一方面，它也不仅仅是进行中的统治与支配的维护。如果统治阶级或占支配地位的集团实际上达到了领导权阶段，那么它在"经验层面"必须是明确的。另外，因为领导权是领导地位在各种社会与政治斗争场域中的建立，那么它也包括以往被马克思主义忽略的场域，比如道德话语。任何想要掌握常识或大众意识以及实践推理场域的人都必须关注道德领域，它实际上是无数人们进行政治盘算的语言。左派很少谈及"好"与"坏"的差别被定义的那个领域；它很少力图建立一种社会道德的语言。结果，这一领域完全被留给了卫道士，留给了教会与道德多数派。葛兰西认为，一种特定的政治力量应当能够赋予人们在习语、语言、日常生活中进行必要的盘算以作出道德判断（以及社会、政治、智识判断）的能力，如果不能认识到这一点的重要性，那就意味着，这种特定的政治力量（如左派）已经放弃了本应在上面进行正面交锋的战场。因此，如果在文化领域中位于从属地位，却还努力想建构一种领导权政治——认为是否进入该领域只是心血来潮的念头，这不过是想来想走都随便的地方——这样的念头是荒谬的。

想一下 19 世纪末的英国，那是现代英国形成的时期，也是大众民主的时期，当时还建立了以工党为代表的工人阶级社会主义（劳工主义）这种特定的政治形式。同时，它也是来自过去的真正领导权（即自由主义）土崩瓦解的时期。在前一个时期，自由主义是占支配地位的哲学，是最主要的政治构型，它能够长期牵制工人阶级组织。即使在保守派掌权时，它仍然处于领导地位；它规定了人们思考自己所谋之事的观念，以及他们理解英国社会形态、国家成就、历史命运和英国政治文化性质的方式。自由主义构型能够长期抑制工会运动、工人阶级社会主义以及工人群体表征。在这种构型中，每个人都各占其位，它就像一座"房间众多的大厦"。因而，激进分子不需要非得在已经确立的政党或者替代性政治力量中寻找位置。在**同一幢**房子里，大家都有自己的空间，而且对于规定这一构型的关键要素，人人又都心知肚明。当这些关键要素在物质实践方面——其存在的经济条件（比如，与美国、日本、德国相比，英国竞争力的下降）——和意识形态表征方面都遭到挑战时，这种特定的领导权构型才会真正地瓦解。

建构新的领导权伴随着斗争；而那种斗争特别有意思，因为在部分程度上，所有不同方面的力量都明白，建构个人与社会的关系所采用的方式必须不同于自由主义构型内的接合方式。因此，在那个时期，自由主义的个人主义所广泛遭受的挑战都是打着被我称为集体主义的旗号。不论在左派、中间派或是右派中，人们都能看到力图接合集体主义形式的努力：社会主义集体主义，保守集体主义，参与宣告国家效率与帝国命运新时代的那些人的集体主义。所有这些都在集体主义的观念下进行运作，因为他们都不得不接受以自由主义为标志的国家观念领导权的毁灭，虽然他们是从不同的角度对它进行攻击。人们只有在斗争本身中才能得到可能引向新领导权的要素。那些斗争的特定方式所产生的结果对于规定1920年代与1930年代以及在那之后发生的事情方面至关重要。当时产生了社会民主的一种特定方式，即一种特殊的劳工主义。它战胜了同时期活跃在劳工运动中的一系列其他社会主义（比如，作为一种产生全面影响的中产阶级社会主义存活下来的费边主义，以及工团主义），这些运动为寻找能代表兴起的新工业阶层工人群体的利益和更宽泛的社会范畴的新方式而斗争。并非偶然的是，这也是为争取妇女权利而斗争的时期。不能将这一时期理解为好像是只持有一种意识形态的一个统治阶级镇压并吸收所有的反对势力与差异。只有从不同群体起起伏伏持续不断的斗争中，新型领导权的实际构型才会产生。

这个例子指出了葛兰西运用领导权概念时一个重要的含混之处。一方面，像我讲过的那样，它是社会生活中非常特别、暂时，并具有历史特殊性的阶段。在现实中，这种程度的统一很少实现。而另一方面，在他之后的思想中，葛兰西将这一概念扩展至特定阶级的联盟构型之上，指出它至少是所有统治阶级的一个策略，适用于所有主要的历史集团构型。但是，这种区分被一个历史问题弄得错综复杂。葛兰西将领导权跟"东方"与"西方"构型的区分联系起来；这种区分隐喻了发生在 1870 年之后西方资本主义国家的特定历史转变，这种转变的典型特征是资本的国际化，现代大众民主的兴起，国家作用与组织的复杂化以及它在市民社会结构与过程中史无前例的体现。人们还可以指出其他标志着向现代资本主义过渡的重大变化。但是，对葛兰西来说，关键之处在于，这些变化标志着社会对抗与权力分散的逐渐多元化。因此，支配形式需要越来越多地将其权力根植于更加复杂和自主的市民社会，根植于在市民社会的义务性机构中赢得认可的过程。由此，葛兰西认为，领导权是有特定存在条件的特定统治构造的，因此属于一个特定的历史位置（a specific historical location）。然而，有一点并不明确，葛兰西是否一直坚持这种历史特殊性，或者我们是否必须将丰富的历史实例当作必然与根本性的领导权。

葛兰西对领导权的定义不仅引发了不同的支配观念，也引发了不同的政治、文化与意识形态观念。葛兰西指出了政治斗争的三个不同阶段；他并没有——像他常被误读的那样——将政治划分为两个彼此排斥的种类，就好像人们必须选择其中的一个或另一个。它们是"机动战"（或运动战）（war of maneuver [or movement]）、"地下战"（underground warfare）和"阵地战"（war of position）（pp. 229-239）。当社会出现真正的分裂，不仅在阶级之间，更普遍地说在被压迫者和压迫者之间都出现分裂时，"机动战"就会发生。在如此深重的分裂期，由于大众力量被动员起来反对权力集团，人民群众揭竿而起对抗掌权者，社会会陷入四分五裂的境地。双方力量明显独立且可被识别，此时是权力间的直接抗争或对峙期。当社会中已经有相关的政治与经济斗争战场，而且正面交锋的抵抗不能进行时，"地下战"阶段就会开始。这不是阶级对阶级、人民对权力集团的斗争形式；而是战略性地攻击特定阶级权力堡垒的突击队的发展。葛兰西认为这是大众或人民动员的开始。最后，只有在已经充分形成大众民主的社会中才会存在"阵地战"，在这样的社会中，工人阶级和其他大众民主力量已经为了争取经济、政治权力及公民权力进行了成功的斗争。这些社会在社会与政治层面极其错综复杂；在这样的社会中，市民社会的结构并非简单到可以被国家立即、轻易地征服。市民社会拥有不受国家权力直接影响的很大的自主性与独立性，它包含一些在某种程度上处于占支配或统治地位阶级的直接掌握之外的机构。因此，被排斥的阶级与被接纳的阶级、无权者与掌权者之间的直接对抗如今受制于极其多元且被移置的政治斗争形式，这样的斗争形式在议会与民主政体中十分常见。在那些社会中，尽管不是一直如此，但是在多数时间，政治是以阵地战的形式进行的。斗争的进行可被区分为不同的形式，既有在葛兰西所说的市民社会的"'堑壕'与堡垒"（p.243）（文化、语言、意识形态与道德）中进行的斗争，也有跟凝缩的国家权力或由资本主义阶级关系保证的经济力量的直接对峙。

葛兰西在马克思主义的论域中开启了政治斗争独特形式的可能性，甚至是必然性，这为阶级斗争形式适应两次世界大战期间显现的资本主义历史条件做出了有益的贡献。一旦"无产阶级高涨期"的热潮褪去，资本主义社会构型继续存在，这些新的构型开始获取一定程度的领导权。它们在政治和经济上重组自身。因而，斗争并不单单是被击败与阻挡，相反，斗争的形式和性质不得不做出改变，它必须要适应要求新兴、多元的大众政治形式的新场域。

唯一能够和领导权立场进行对峙的政治是领导权的政治，这是场阵地战。只有领导权的政治能够在常识的场域上组织对抗资产阶级的意识形态。一种领导权的政治在文化机关、道德话语、经济斗争和政治领域（包括与选举有关的斗争及其他形式）中运作，它力图占领每一条战线，并深知胜利不是以敌人的最终溃败为结束的大型战役，胜利在于在每一条战斗前线上达成力量平衡。它是在社会形态中的每一个据点都掌控着政治、社会与意识形态力量的平衡。左派中很少有人懂得这一点，但资产阶级（尤其是当代形式的资产阶级）却深谙其道，他们不会置文化、智识和道德领域于不顾。他们不会因为相对来说较少人参与学术团体就忽视它，他们也不会因为性别、社会及宗教问题不属于政治与权力场域就拒绝在其中战斗。他们明白，如果想要影响历史，就得在所有的阵地中产生影响。

当撒切尔主义在英国出现时，它在自己认为可以前进的每一个阵地中进行斗争。从以下情况中，你就知道他们的计划是要领导权，比如，教育部长特意提议，把为高等教育拨款的机构的名称从社会科学研究委员会改为社会研究委员会。毕竟，从1968年之后，人人都知道社会学不是一门科学：它是在常识领域运作的。这样一种构型意在质疑每一种观念，为人类生活的每一个领域建构理论，并规定每一种社会立场。它要以最简单也最先进的形式对抗凯恩斯主义。它要告诉人们，作为父母怎么抚养孩子，作为老师应该如何言传身教，在不同时间使用何种语言，等等。它意欲在每一个环节占领和界定占支配地位的领域。它使自己区别于顺应社团主义与社会民主的家长式保守主义形式——借鉴与顺应其对立构型的"湿派"（wets）[老式保守派]——因为那些派别不是为了真正的胜利而奋斗。撒切尔主义明白，领导权需要你守住领地，并为整个社会形势规定新的参照点。它能够同时以最先进的理论语言和最日常的习语在领导权层面展开运作。比如说，它把货币主义阐释为一种经济理论（如果你相信那可能的话），同时，它又用最日常的习语来表达货币供应的复杂性：如，将国家经济比作经营家庭预算——"你不能花你没有的钱"。这些人们平日的常识性智慧形成于跟支配性力量的历史对抗中，产生于社会中占从属地位的领域中，它们可以被赢取、被殖民以及被转变，还可以用习语来表达，而领导权正是在这种领域中产生的。领导权集团总是一个激进集团。它试图对前一种领导权、协议、共识的形式釜底抽薪。它想要扭转历史的潮流，并产生新的常识。它需要把自己渗入人类实践意识的毛孔中。有观念认为，这跟文化无关，是意识形态领域之外的事情，或者认为这是由人们在文化结构中的地位规定的，这样的观念绝对是荒谬的。

第八讲

文化、抵抗和斗争

在这一讲中，我想详细阐述一下我一直使用的抵抗、反抗和斗争的概念，继续聚焦于文化与意识形态的抵抗，而非政治形式的抵抗。我要指出的最重要的一点，也是从一开始便提出的一点，就是文化斗争不可以被还原为其他决定领域。不能仅仅通过从社会政治或经济实践形式中对它们进行读取，来预测特定文化抵抗领域的内容、形式或者特定团体。与社会形态的其他层域相比，文化场域具有自身的特殊性、形态、相对自主性以及独立性。这并不意味着它位于结构性影响之外，或者它的存在条件不含有除了文化之外的社会实践与关系形式。文化并非、也决不会位于中心矛盾的结构性领域之外，这种中心矛盾塑造了社会形态的形状、模式与构型，即围绕阶级、族裔与性别的矛盾。文化不是外在于它们的，但也不可以被还原为它们。

这种以非经济与非阶级还原主义的方式来思考文化斗争的马克思主义理论会产生两个结果，论述伊始，我认为非常值得强调一下这两个结果，而且，我这么做的时候，会集中在前一讲提到过的意识形态斗争场域之内。第一个是关于作为斗争场域的意识形态领域内特定要素之间的关系，以及它们与阶级构型之间的关系；第二个涉及组织社会形态的不同矛盾之间的关系。我所展示的立场有时会被误认为是在否认阶级力量在意识形态斗争中所发挥的作用。其实，我并不否认与阶级相接合的意识形态的存在，也不否认话语的某些意识形态要素和特定阶级立场之间清晰且明确的接合关系——例如，特定意识形态构型和资产阶级作为一种历史力量而出现的事实之间的关系。只不过，我试图说明，意识形态话语领域，以及接合意识形态领域的表征系统，既不是由经济阶级立场组织的，也不能被还原为经济阶级立场。

虽然这种命题在一般意义上被广泛支持，但是，通常来说，关于它的更为具体的例证却不怎么能被热情接受。接下来，我给你们举个例子——权利的问题。权利作为一种政治语言的出现——天赋人权、个人权利、被预言保卫这些权利的国家概念——对于资产阶级的意识形态构型是至关紧要的一环。每当看到这类语言出现在意识形态领域中，都需要特别注意它与一定资产阶级立场的持续接合。然而，有一点非常清楚——至少我希望如此——即，权利的语言不能**仅仅**属于资产阶级。公民权利的要求，以及它所组织起来的运动的影响范围，或许最终还是被限定或抑制在它们通常结束的场地上；但是，它们在历史上多次呈现为真实有效的抗议、抵抗与斗争的运动。

若要理解权利语言的特定阐释，就只能将其放入复杂的语境中，把它作为一系列的联系来看待，这种联系存在于权利语言、人性的特定概念、市场的定义、自由的理想以及主体与主体性的观念（如：占有性个人主义）之间。它是一种特定的构型，一种观念和话语间错综复杂的联结。意识形态不会作为单一的术语或概念存在，也不会只存在于单一的术语或概念中。实际上，在出现于17、18世纪资产阶级意识形态立场中之前，所谓的权利语言中的许多要素就已经存在，不过，在那种语境中，通过跟以下情况相联系，它们的确蕴含了一系列新的意义，这些情况包括新兴阶级的出现、跟经济发展与组织的旧模式的根本决裂、自由社会的形成以及这些关系日益登上主导地位。当然，那是意识形态构型中至关重要的历史时期，那时，一个阶级或阶级派别采用一种特定的表征系统，用来理解它在世界上的新地位、定义那些社会关系以及了解它们如何不同于前一个时代。只有通过表征系统来定义新的经济与社会现实，他们才能理解新的价值观与集体行为模式，并使其标准化。经过了这种历史构型的重要环节之后，要在不调动已经接合到资产阶级立场的整个内涵链条的情况下，进入那一特定的意识形态接合领域是不可能的。那是一个辩证的阶级构型，以及我们所说的一种有机的意识形态。

然而，由此并不能得出，那种意识形态的所有要素都专属于资产阶级。那些要素本身可以通过意识形态斗争重新获取内涵，其方式和1980年代西方社会主义者围绕"民主"的意义进行斗争的方式如出一辙。虽然民主一词牵涉特定的资产阶级议会制的政治话语，但可以说，它不能被给予另一方。尽管意识形态要素在历史中被建构，并被有力地缝合在有关阶级与其他社会力量的特定位置上，可它们仍然是意识形态斗争潜在的——而且常常是现实的——领域。就连以托马斯·霍布斯及后来的约翰·洛克的方式被接合的资产阶级权利语言，也不仅有助于确保某一特定资产阶级的位置，而且为以下情况创造了可能性，即，使得之前在意识形态运作中被排除的阶级去争取这一权利的普遍性。那些被排除的他者可以发起斗争，使自己置身于声称为**人类**权利代言的语言中。要把自由主义中的权利概念和实践相接合，需要进行艰苦卓绝的政治斗争，因为那些在自由话语中依附于自由的特定定义的力量会强烈地抵抗阶级（如19世纪的工人阶级）和其他社会群体（这些群体可能没有清晰的阶级归属，如选举权斗争中的妇女）争取那些权利的努力。尽管为了调动大众政治力量的支持，它们被接合到普遍化的话语中，但早期的资产阶级构型只对一种特定的阶级发挥作用。那成为潜在的斗争场域，工人阶级围绕这一场域组织起来，为争取参政权而斗争。有一点千真万确，正如批评者所言，赢取选举权让他们有了一定的政治权力，然而，投票形式的选举权使他们的政治表征变得个人化和碎片化（一人一票）。而这接下来导致他们更难围绕另一种民主权力形式动员起来，那另一种民主权力形式对立于这种构成了议会民主形式体系的根深蒂固的、个人化的权力组织。即是说，通过将他们接合、缝合至自由主义意识形态内部的位置中，从而抑制更激进的民主定义。这样做的结果不单单是自由主义或者民主，而是成为一种特定的自由民主形式。不过，正是在这里发生了19世纪工人阶级所进行的最持久的斗争之一。在这里，工人阶级坚持要求政治权力，并对资产阶级规定自己现状与未来的能力设置了一定的大众限制。它在取得重要获益与进展的同时，自身也受到了约束。当然，从17世纪到19世纪，再到20世纪，所有这些术语的意义以及围绕它们组织的斗争一直在不停地发生变化。同样的术语指向不同的现实。随着它们得以动员的历史条件和它们所依附的社会力量所发生的变化，它们甚至代表了不同的利益、不同的要求以及不同的斗争场域。

E. P. 汤普森（1975）针对法治的讨论也可以说明相同的情况。首先，"法治"是由一个尚未完全在政治上掌权的阶级——资产阶级——提出来的，用以对抗乡绅与贵族的权力形式。这是一种新兴与进步的要求，能够限制与约束现存形式。随后，它被设定为关键的资产阶级权利，新兴的拥有大量土地的资产阶级借此在法律上保证了自己的利益，并将其他人的利益排除在外。然而，到了18世纪末，民众们正是围绕这一点提出了扩展公平正义的要求。不论是工人阶级、穷人、妇女、仆人还是别的群体，那些被排除的人们不需要另寻别的术语；为了进行斗争，他们就需要**那个**资产阶级已经理解的术语。如果我们认为那些核心斗争所围绕的关键的意识形态概念本质上一直都是属于资产阶级的，那么，我们就不可能理解那些至关重要的斗争，比如标志资产阶级兴起的斗争以及工人阶级、妇女群体对资产阶级权力所发起的挑战。那些斗争被缝合在源于资产阶级的观念结构中的事实不能保证它们会一直以那种方式被规定。不论过去还是现在，都是如此。

我要说明的这一点不仅是理论问题，而且具有重要的政治意蕴。在最终简单地把法治仅仅归于资产阶级之前，我们得承认，对于世上处于从属地位、备受压迫的许多民众来说，法治是一项重要且实在的进步。有观念认为，法律的观念（the notions of the law）不属于社会主义工程，因为它们是资产阶级意识形态的一部分，资产阶级正是通过这种意识形态建立其支配地位的，这样的想法其实是基于过度简化和还原主义的意识形态与阶级关系理论。以这种理论建构起来的社会力量领域似乎是由大一统阶级所构成的，用普兰查斯的话说，"就好像"，意识形态"是被社会阶级挂在背上的'政治'号码牌"（1973, p.202）。它假定，观念的整体构型被永久地缝合在简单的政治立场中：资产阶级必然独占权力、自由权、民主、自由等概念，因而，它们不属于我们。这种立场将潜在的意识形态介入领域留作一片真空，于是，在等待两个阶级间的大战之时，我们忽视了以下的无限可能性，即，跟占支配地位的意识形态定义进行斗争和对抗，以便解除它们与目前的阶级立场的接合，并以某种新的方式对其进行再接合。

在讨论意识形态斗争的基础上，我要扩展至第二个问题，这个问题涉及高于其他矛盾的阶级的首要性问题，或者更确切地说，是在任何紧要关头下不同矛盾的关系问题，因为我不认为我们可以抽象地将它们的重要性分出等级层次。然而，有必要承认，一种矛盾不能被还原为另一种。不同的矛盾在社会领域中发挥不同的作用，而理论的问题往往在于倾向于将一种矛盾还原为另一种。因此，资本主义生产方式在特定社会的中止并不能保证黑人、妇女或从属阶级的解放。马克思主义认为资本—阶级之间的矛盾是首要矛盾的观点其实是有问题的。尽管并不必然出现以下情况，但是，它在逻辑上暗示了，首要矛盾不仅系统地组织了其他矛盾，而且还是它们的真相。因此，资本—阶级矛盾不仅在政治上具有优先性，而且成为解开社会形态所有秘密的万能钥匙。不论在理论层面还是政治层面，我们都必须面对棘手的事实所产生的后果，那就是，即使人们离开了资本主义生产方式，仍然会看到支配作用的持续，这不仅包括一个种族被另一个种族支配，特别是一种性别被另一种性别支配，而且还包括一个阶级被另一阶级支配。

唯一的替代方案是一种马克思主义政治学，这种政治学能够认识到不同斗争的必要区分以及那些斗争在不同战线中的重要性，也就是说，这种马克思主义政治学理解一种领导权政治的性质，其中，不同的斗争会在不同的战线中占据最主要的位置。这样的理解不会压抑特定政治斗争的自主性与特殊性，它拒绝还原主义，并支持在统一体中理解复杂性，或者通过复杂性来认识统一体。这种复杂性的现实不只是一个关于组织的局部问题，而是一个理论问题，这个理论问题有关于生产方式和不同政治、意识形态构型的必要相对自主性之间的非一致性。生产方式不会掌控每一种矛盾；各种矛盾不会都处在相同的位置上或发展到相同的程度——不管是在我们的政治组织中，还是在西方工业社会的资本主义与社会主义形态中。

而这恰恰是文化研究出现的场域：我们经历了西方世界一系列不同的时期，却未能看到那种没有问题的阶级斗争形式以及有阶级归属的意识形态出现。对于这种情况只能有两种反应：我们或者继续使用这种理论，确保在以后的某一时刻这种一致性会出现；或者承担极其艰巨的任务：使这种理论与我们必须解释的经验问题的复杂性协调一致。有些当代马克思主义理论不把世界上最发达工业社会中的工人阶级所遭受的明显压制置于其问题式的中心，这样的理论不再能够直面人们的现实世界；更重要的是，它不能帮助我们理解，为什么最发达的工业资本主义文明中的广大工人群众会被政治改良主义形式所抑制和约束。除非我们能更清晰地了解改良主义政治意识形态对人们以及潜在革命能动性的影响，否则我们就不是在运用理论来应对需要关注的政治问题，而是在用它制造一种安慰自己的虚幻情境。

我想就之前讲座（第六讲）中的论述提出类似的见解，因为思考"黑色"这一概念在意识形态中的接合需要我们认识到它和阶级、阶级意识形态及阶级斗争问题的联系，但是又不能简化种族、种族概念、实践和反种族主义斗争作为潜在意识形态抗争领域的特殊性。我之前试图说明，这种理解要求我们超越显而易见的表象：这是歧视的领域或场域；这是负面认同的根源。通过了解"黑色"的概念在各种内涵链中的运作，我们开始认识到，特定历史形势下的不同群体在这一复杂的网络中运用不同的术语进行认同，每一种认同都有助于规定和构成群体在意识形态领域中的位置，并排除了其他可能性。每次将黑人主体跟诸如西印度群岛、移民、黑鬼、黑人、加勒比黑人这些术语相联系所进行的挪用和定位都是不同的，而所有这些联系在意识形态领域中都是可能的。每次都要求不同的意识形态定位，接着又引起不同的政治实践，而每次又都依赖于不同的历史条件。

此外，你绝对不能把任何社会形态（比如，南非）中的种族表征系统化约为阶级问题，也不能用资本—劳动矛盾为它辩解。很明显，南非的黑人和白人劳工都受到资本的剥削。除此之外，涉及种族问题，显然，黑人种族所受的剥削跟白人种族所受的与资本有关的剥削是不同的。黑人在社会、经济和意识形态关系中的定位是不同的。在政治和意识形态层面有两种矛盾在运作，而即使当它们在同一领域运作时，它们也决不会化为同一。想当然地假定它们的一致性在政治上是不奏效的，因为这两个领域会时不时地相交并分岔出不同的方向。种族和阶级会强有力地相互接合，但它们是不同的，而且，每一个又都会跟其他结合或分离。一个被资本剥削的黑人劳工阶级能够开始构建其政治统一体，部分上是通过阶级的范畴，而更重要的是通过在特定政治形势下的种族范畴。我们只要认识到，南非政界的不同运动有其必要的自主性，在不假定它们必然一致性的情况下，它们能够通过那些要素可能的接合开展普遍的政治斗争，那么我们就能明白前面的论点。否则，我们会继续假定或希望，那种局面会以从历史角度来说不可能的方式自行得到解决。因此，不论是对于建立一种充分的意识形态的一般理论，还是对于分析特定的政治局势来说，意识形态领域中的接合、多元决定与不同矛盾的特殊性概念都至关重要。

文化抵抗可以有许多不同的形式和作用，只不过，通常我们不知道怎么识别这些差异或者怎么为其制定理论。例如，想一下所谓的幸存文化（cultures of survival），如果特定群体不想被它们身份与历史的替代性定义完全征服，如果它们想要拥有任何团结或认同感的话，它们就需要这种幸存文化。但是，这种幸存文化既不能保证也不必然产生一种霸权文化的基础。或许这些幸存下来的群体在当时没有任何可能占据主要位置。虽然出于生存的需要而幸存下来的文化形式不一定足够强大到能与霸权构型进行协商，但是，幸存的能力毫无疑问就是这种协商可能性的条件之一。尽管"协商"有"改良主义"的感觉。可是，一个群体若要跟社会中占支配地位的意识形态或文化形式进行重要的文化协商，它必须拥有足够的恒心和毅力，必须已经具备了一定程度的组织，必须已经具有能够进行谋划的自反性。你不能在进入协商的时候，对自己进行运作的基础以及胜利的可能性与潜在场域一无所知，无论这种可能性有多渺茫。协商的环节也是斗争与抵抗的环节，另一方不会被推翻的事实并不意味着不会赢得重要的让步与获益。

E. P. 汤普森（1963）描述了这样一个时刻，就在宪章运动之后，英国工人运动实际上已经丧失了按照自己心中的意象规定世界的能力。但是，我们在解释那个阶级的历史、文化、政治与意识形态制度的时候，不能不承认汤普森的论证：那时，工人运动回到自身的社会与文化形式中，为它们开发并提供了必要的保证。它在协商中争取空间，并想方设法使人们远离它的地盘。它发展出的制度更加有组织地连接其物质条件以及工人与家庭生活；通过这些，它渗入工人阶级生活的方方面面。就在那个时期，它建立了我们现在所认为的传统工人阶级文化。从部分程度上说，由于这些发展，它有史以来仍然是一个处于从属地位和被收编的阶级，但这样的事实并不能否定这些变化在它内部所产生的强有力的组织实力。

那种文化的力量和贡献总是充满矛盾的，它同时具有正面和负面的特征，也兼有进步和保守的作用。我要强调的就是这一点，文化形式与实践总是充满矛盾的。这种文化将传统工人阶级凝聚在一起，让人们辨识出"我们和他们"的差异，也正是这种文化在工人阶级政治组织内部坚持特定的男性化形式，使那种文化在某种程度上无视性别矛盾。那种文化将工人阶级中形形色色的群体团结起来的方式之一正是依赖于它规定与抵制"他者"、外来者、来自其他文化者的能力；而这自然会在某种程度上导致它无视种族与族裔的矛盾。问题不在于仅仅是赞颂那种文化形式——我们不能那么做——而在于认识到，对于抵抗、反抗、协商，对于你在反叛与革命中可以看到的动乱形式，或许更重要的，对于反霸权形态来说，这样的幸存是必需的。它们对于建设新型社会也是必要的。然而，每一种这样的构型，每一次为变化而进行的斗争，都具有充满矛盾的作用和局限。我们在为它的贡献辩护时，不能忽视其消极的一面，同时，我们在谴责它的失利时，同样不能忽视其长处。

我们必须把支配和抵抗都视为过程。我们需要了解特定群体或阶级的文化和意识形态抵抗形式如何提供介入的空间。介入作用通过影响它们，使它们从通常所固定的从属位置上脱离，或者说解除它们之间的接合，从而深化文化抵抗的形式。不过，这需要我们辨别那些形式的优势与弱点，要做到这一点，我们只有进入它们的领域，利用它们并作用于它们。由此，我们就卷入了加强与深化现存文化形式中的对立要素的过程，而不是邀请人们去抛弃他们牵涉其中的文化形式，然后突然转移到一个截然不同的领域和形态中。后一种策略不仅不太可能说服任何人转移立场，而且是一种强烈的自我错觉。它暗示我们阐明了自我，净化了自己的文化立场，这些立场被透明地放置于我们批判性的凝视下，不受任何旧的、更有问题的文化形式的残余及依附的影响。它暗示我们不再在不正当的快乐中相互协作，我们知道或应该知道，这些快乐来自于从意识形态层面来说不纯粹的许多文化实践中，它们甚至可能属于"另一方"。如果与人打交道的时候，揣着似乎一切都已完美阐明的观念——另一方的文化形式属于错觉、虚假意识、不正当的快乐、纯粹消费主义的地带，而我方的形式则完全属于在意识形态上对真正革命觉悟的纯粹追求——这种策略不太可能促使人们从一种立场转换到另一种立场。你不能做到让人们深化某些要素，从而使其从占支配地位的形态中分离，也不能使他们抵抗那些将自己缝合到现存系统的残余要素，并开始走上将自己接合到另一种位置中的艰难过程。虽然文化政治和意识形态斗争本身不足以重建社会形态，但是没有文化与意识形态领域中的接合，反霸权的建立就无法持久。文化政治和意识形态斗争是社会与政治斗争形式的必要条件。对于那些尝试挑战介入实际社会形态的艰巨任务，试图改变它们的形象或者至少使其朝着某种新的方向——不仅仅是继续抵抗——发展的政治和社会力量来说，它们不能够回避开创新的政治主体与主体性的可能性。在文化与意识形态领域中，新的位置虚位以待，其中必然发生新的接合，也正是在那一领域中，人们可以进行改变和斗争。

然而，如果我们事先不能保证一种文化形式的决定要素或政治有效性，那么，我们是否至少能描述它们之间的历史关系呢？比如说，我们能不能使用威廉斯（1977）的理论，把主导文化、残余文化、新兴文化的要素或形式的划分作为着手绘制文化地形图的方式呢？尽管我之前指出，这是一种有用的架构，不过，将特定文化的每一种形式都确定为上述的其中一种范畴显然是没有意义的，因为那些形式从来都不是纯粹的，它们的身份也从来不会脱离其所接合的特定情境从而完全铭刻在它们的表面。因而，我们会发现，残余要素在新兴的形势中得以再造，成为人们在新的事业中所使用的被遗忘的语言。那些其身份似乎取决于"先锋派"地位的那些文化实践迅速风靡艺术评论版面，到那时，即使它们不是主导文化的一部分，也肯定不再属于坚决抵抗的文化构型。或许尤其重要的是，我们还发现，主导文化不仅能够讲述自己的语言，而且能够通过赋予其他语言说话的可能性来讲述自己。正如我之前所说，霸权领导不需要吸收或者融合所有的文化要素，而只需要收编主导文化形式；它甚至允许下属文化呈现它们自己的文化构型。它完全能够将文化领导权下放给其他群体，也不需要由一个授权的有组织的知识分子群体来攥紧绝对的文化大权。至少在保证声音混杂性得以持续的程度上，它允许众多无组织的知识分子在各个领域中发挥其职能，去重组、表征、赞颂、甚至支持他们的多元性。领导权需要的正是这种在明显多元化的声音中持续掌控中心地位的能力。如果在文化领域中，权力的发挥是通过审查制度或镇压多元性，那就意味着领导权尚未得到巩固。因此，我反对那种认为可以永久地将文化形式归于特定立场的观点。而且我拒绝接受那种将世界划分为进步和非进步形式的文化领域形式分析方法，因为我对于实际上进步的非进步形式和似乎并不进步的进步形式的数量印象深刻。一种特定形式或实践的进步性并非既定于文化本身之中。我会使用一些例子来说明这一点，在这些例子中，文化领域中的残余和新兴文化要素相互作用，还有一些可以说是主导文化在中间发挥作用。

当代文化研究中心所从事的一些众所周知的工作就是关于青年文化的更迭领域，通常跟主要出现于紧随富足的1950年代之后的60与70年代的音乐与服饰风格关系密切。这些工作的一部分成果收集在《通过仪式抵抗》（*Resistance through Rituals*）（Hall and Jefferson, 1976）一书中。在那项工作的主体部分，我们想方设法在不把青年文化还原为阶级的情况下描述阶级和青年文化的关系。一方面，显然我们决不能把战后青年社会运动领域还原为基本阶级结构，甚至是阶级矛盾问题。另一方面，我们也不可能在阶级的结构性决定作用之外来理解英国1950年代早期以来界定那一地带的此起彼伏的青年运动。阶级以复杂而且通常间接的方式在那些运动的整个领域中发挥作用。

例如，我们之前说过，在1950年代后期和1960年代早期两种主要的此类运动形式（摩登族和摇滚派）的文化差异中，可以说，我们能够看到的不是中产阶级和工人阶级的区分，而是或许同样重要的，工人阶级中一个向上、一个向下流动的阶层区分的影子。我说"影子"是因为，阶级中的群体并非有严格的隶属关系；实际上，许多成员真正的社会或经济出身并不是工人阶级。不过，比如摩登派的确多是那些处于上升轨迹的孩子们，或者处于其阶级之外，或者过渡性地位于阶级之内。而且，他们比别人接受年限更长、也更好的教育；当然了，在英格兰，教育是阶级方面十分关键的能指。然而，你不能仅仅从那些阶级要素或者阶级地位的角度来规定产生摩登族风格、品味、文化的内在形式。只不过，我会说，他们存在于世和理解自身差异的方式中有一些非常重要的东西是由阶级所"影射"的。

虽然这样的运动为年轻人提供了新的身份认同和主体性，使他们参与到这种生产中，但他们的运动并非是政治化的。他们也没有直接触及经济和劳动的问题：并没有关于工作的信息。文化被悬置在非工作的美好时光的领域中，它在"非工作时间"之中被"非工作时间"所规定。不得不终日工作的孩子们通过成为摩登族这样想象性的关系来度过自己在现实工作条件中的生活。它正是一种替代性的主体性或身份认同。

此外，考察在青年文化中占据主导地位的那些意义，你会发现它们是在代际层面被规定的。年长者和年轻人或派别之间的代际矛盾非常重要。人们在这些运动的文化内部可以识别出"父辈阶级文化"。但是，这种代际矛盾不能脱离引发不同文化构型的特定阶级派别，也不能脱离更宏观的整体文化结构。毕竟，青年们——甚至是摩登派——也必须长大成人，学会如何当一名成年工人、配偶和父母，而"谁人"乐队（The Who）①可没有传达半点那种信息！即使我们想把摩登族风格作为一种抵抗环节加以赞颂，我们也要考虑那些在这种文化领域获得了新主体性的人们在特定阶级派别中的人生轨迹。尽管它不能被预测，但重要的是，把这个问题跟人们出身的以及他们可能归入的阶级派别联系起来进行思考。这样，它就和一个更加宽泛的文化框架接合起来。构建成人身份认同的那些方式会产生影响，不过，它们也不是自足的，而是属于更宏观的构型的一部分。

同样，当谈论中产阶级亚文化——60年代与70年代初的反文化——的时候，我们注意到它们和阶级身份以及政治可能性的复杂关联。反文化运动通常在标示强烈代际与政治差异的文化领域中运作，一整套象征主义符号得以调动，从而产生新的主体性。然而，那些文化分支和中产阶级内部的分化之间具有牢固的关系。重大的文化分裂与年轻一代进行反文化运动的不同方式是由阶级自身中的重要分化所塑造的。因而，它不单单是中产阶级对工人阶级的问题，而是紧密关联着在新的经济时期节奏背景下所出现的内部区分问题。在英国那个时期的中产阶级文化中，其中一个重要的分化是被我们叫作"进步"中产阶级和"守旧"中产阶级的区分。进步中

---

① "谁人"乐队（The Who）是1960年代英国最有名的摇滚乐队之一。——译者注

产阶级的那些人——不论其代际认同如何——接受了消费道德观，他们知道这种观念如何运作，他们紧跟并利用它。他们不觉得，如果新教伦理界限受到一些削弱，他们的生活便会随之崩溃。他们确实在进出更为传统的资产阶级立场的快速变化中获得了乐趣。显然，父母一辈不能像孩子一代那样生活，但他们的确似乎在尽快追赶时代潮流。正是在那种情况下，中产阶级的其他派别却感觉受到了攻击，并被"挤压"到微弱的文化可能性中：朝下是崛起的摩登族与摇滚派的攻击，朝上则是抛弃了传统资产阶级立场的"世界主义中产阶级"（cosmopolitan middle class）的压迫。他们该怎么办？他们既不是有产阶级，也不是占支配地位的阶级；他们的整个身份认同及其未来都倾注在守护资产阶级意识的立场上，捍卫节俭与体面生活的美德。他们为此做出了巨大的牺牲，并期待在文化场域中持有舒适有利的一席之地，即使只是从属位置。有趣的是，这种分化深深地渗透进中产阶级文化领域所勾勒的性别意识形态（sexual ideology）中，从进步中产阶级中产生了某种自由进步女性主义；而在守旧中产阶级中则形成了道德多数派观念。

在提出这些观点的时候，我们力图保持那些新的亚文化身份产生方式的相对自主性。我们并不否认围绕性别与种族的被人们称为次要矛盾的重要性，我们只是想说，只有把青年亚文化放置于深刻地渗入整个未来的社会阶级结构作用框架中，才能充分地理解这些青年亚文化。研究中心的亚文化研究工作被指责为是阶级还原主义的：将摇滚派还原至他们的工人阶级立场，还把摩登族放置于小资产阶级一边。很遗憾，这有几分道理。我们没有很好地掌握不同矛盾的决定作用之间的平衡。但是，提出以下这项工作也至关重要，即，在思考不能把文化形态还原为阶级构型这个问题的时候，也不能把它们彻底分开，以至于使它们落入完全自主的立场中。

我还想给出一个亚文化的例证，用来说明，文化形式可以开创和组织一些可能性，而且在这么做的时候并不完全倒向以下立场，即声称那些可能性及其政治内在于文化形式。如果像本雅明（1970）在《作为生产者的作者》（The Author as Producer）中所言，仅靠政治趋势是不足以发挥组织作用的，那么我要补充说，只靠文化形式是不能够保证的。我们不能保证特定文化形式本质上是进步的还是倒退的性质。这一点在英国摩登族与摇滚派之后的光头党时代是显而易见的。光头党文化形式发生在不同的经济条件下。这种亚文化的首要形式与 1960 年代的中产阶级形式形成鲜明对比；因此，它们强调并放大其无产阶级符号。也就是说，出于能够有效反抗占支配地位的中产阶级相关象征符号的需要，光头党文化在意识形态地带复兴了与某些工人阶级文化要素的联系。这一点从光头党的着装（平头区别于长发，牛仔裤而非松散的印度长袍）以及愈发认定地盘的重要性中都可以看出来。对于摩登族最重要的一点是，他们都配备意大利踏板摩托车，能够说走就走；他们的这种风格肯定了流动性。他们能够离开度过人生大部分时间的伦敦东区,成群结队地到布莱顿区(虽然并不太远,但非常不同)过周末,这样的事实就是获取新文化空间的标志。但是,光头党和任何足球队及其球迷一样根深蒂固地扎根当地社区。可以说,通过肯定整个世界就位于利物浦的特定区域,他们否定了离开当地的理由。

尽管他们的社会成分混杂,光头党让作为整体的工人阶级文化中的某些要素重新焕发了活力,并从代际、音乐、视觉及风格方面对其进行再造。许多很难跟前一阶段的政治结果达成妥协的人们称颂这种运动是一个更加犀利、更加现实的无产阶级文化时刻。然而,在英国,这也是民族阵线作为一个积极的政治组织崛起的时期。种族歧视成为一种更加公开和有组织的政治与意识形态立场,还一度出现了将具有这种新风格的年轻人文化团体与派系跟法西斯运动本身联系起来的至关重要的斗争。这种努力很有成效,因为这种亚文化形态使那些具有极其阳刚、挑衅特质的无产阶级文化要素重新获得了价值。那种将这些孩子跟法西斯政治立场联系起来的斗争是通过足球(英式足球)文化的方式,在这种文化中已经存在围绕特定球队支持者地盘的有组织的暴力。这种努力试图将光头党文化要素——无产阶级认同和对特定俱乐部的大力支持,包括随之而来的不定期的暴力——直接跟青年法西斯运动相接合。曾经有大约 18 个月的时间,人们完全不确定那种文化是否会成为英国第一个本土的青年工人阶级法西斯运动。有一点突然变得很清楚,即摇滚的进步可能性——或许被中产阶级反文化运动明确表达的政治所夸大——并不是源于摇滚文化形式内在的进步性。那时，摇滚根本不像一种潜在进步的文化形式；实际上，它看起来正趋向一种盲目无知的种族—性别阶级认同，这种认同在年轻人中间打造了直接使他们落入民族阵线手中的轨道。

这种跟右翼的接合不是由内在的文化与政治价值或文化形式内容解除的，而是被一种替代性文化实践所打断，这种实践始于一个群体的形成，后来发展为一个组织：反种族歧视摇滚。一开始，它尝试赢取那些已经在文化中明显占据重要地位的音乐群体，并说服它们采取公然的政治立场。然后，它力图在支持者的头脑中建构这样的观念，即身处那种文化——身为年轻人、足球支持者等等——就伴随着成为反种族歧视者。于是，反种族歧视可以成为一件时髦而公开的事情。反种族歧视摇滚是近年来为数不多的现实政治—文化介入活动之一。更典型的是，左派眼看着那些文化形式的成长，感觉到它们的反抗倾向，并希望随着它们玩摇滚和进行反对，从中可以产生一种社会主义青年运动。可我们很少发现，或者去寻找一种能够将这些接合起来的实际的文化实践。相反，许多进步的人们把这种越轨浪漫化，误把反抗当成叛逆。的确，各种各样的亚文化成员并不完全在"宏大的系统内部"，可问题正是，怎么在这种否认上做文章，从而建构其他的主体立场。它并不会自己发生。如果置之不理，真的是什么事、任何事都可以发生并已经发生：有些被政治化了，有些被去政治化了，有些倒向了右翼，大部分转向中间派，少数则变成了左派。对父辈文化与主导文化的反抗关系被维持在整个作用场中。还是那些放荡不羁的小青年，可是，这些青年可以自由驰骋到右派，也可以驰骋到左派的场地。他们可以粗暴地对待巴基斯坦人，也可以与其结伴。摇滚作为一种进步的音乐形式，以及它与占支配地位的音乐形式决裂的事实并不能保证它的政治空间和社会内容。那只能在它开创的主体性形式和特定政治立场的接合中才能得以保证。反种族歧视摇滚运动的衰落并不会削弱它的重要性。在那样的形势下，左派可以针对当时的矛盾关系开展一种实践，实事求是地辨认与之打交道的文化形式的积极和消极方面，并把自身嵌入可以被听到的语言中。在这种情况下，它就能够找到一种语言，从而在自己的文化形式价值观念和外部的特定政治、社会立场之间建立一个等价系统，这样它就建立起了接合关系。尽管它未能像进行某种最终决战一样为反种族歧视赢得英国白人青年的支持，但是，它在一个特定时刻突然中止了发展中的种族歧视。

这个例子证明了我的大致观点：文化形式本身很重要。它们开创了新主体性的可能性，但是它们自身并不保证其内容的进步性或者反动性。它们仍然需要社会与政治实践将其接合到特定的政治立场。这样的形式实践要求你对于自己工作所处的文化时期的复杂性和微妙性有着高度的敏感。如果你进入"冲撞"乐队（The Clash）的音乐会现场发表政治演讲，你肯定会失败。谁会想在"冲撞"乐队的演出中间听一场政治演说？但是，我们可以作用于那些已经隐含在音乐中的反抗要素，通过将它们与和替代性或反抗性内容有关的立场相连，从而深化它们的政治内容。忽视文化抵抗运作场域的内部及内在形式的政治不太可能创造出替代性主体性，但是，有些文化政治形式满足于只停留在形式层面，就好像这能保证它们的进步性质或内容，这些文化政治形式就算不会永远失败，也很可能经常会让人大失所望。

接下来，我要举一个例子，讨论在残余文化形式情境中以及在这种情境的基础上运作的新兴文化形式——音乐、社会运动、文化实践、主体性的新兴形式。毕竟，没有什么比宗教更能称得上是残余形式了。尽管卷入英国当代黑人运动的大多数人并不是拉斯特法里教徒，但是拉斯特法里教内部的新主体性及其音乐（主要是雷鬼乐，也有其他相关的音乐形式）的可操作性将文化接合赋予了这种运动。没有这种接合，黑人运动不会有现在这样的规模与方向，而我们可能会比现在面临更多的麻烦。拉斯特法里教派历史悠久，在此不做赘述，不过我想谈一谈它的建设留给我们的文化技能。

所有奴隶都懂的事情是（不过正如我在本讲开始所暗示的，这肯定不限于奴隶或前奴隶文化）：通过协商进行文化抵抗的重要性。在一个社会中，你不可能处在奴隶的位置上，却不知道在公开抵抗之间的间隔期保持自身和他人的差异性有多么重要。所有那些被想当然地描述为黑人"头脑简单"的事情——不能准确地使用语言，喜欢模仿与模拟（这被认为是非常原始的要素），他们四肢发达，头脑简单——都是奴隶们学着在一个否定他们的可能主体性的文化中保持自我的方式。一个奴隶必须学会以不同的方式在主导文化**之外**和之内进行运作。例如，在牙买加，非洲鼓的敲击声就在离我从小到大所住的房间窗户大约十英里的地方。在我小时候，这声音在夜里持续不断，我想象现在仍然如此。尽管出于各种原因（比如，停止杀戮动物用以制作鼓皮），它被定为非法性质，但是它从未消亡。只不过，人们改在主导文化**之外**的地方以便能继续打鼓。然而，如果你处于一个奴隶文化社会，你不可能长时间停留在主导文化之外。所以我们懂得如何在包括天主教和新教的基督宗教**之内**的地方维护并保持非洲要素的存活。

我曾经住在一个黑人浸礼会教堂的隔壁，他们会在那里哼唱英式、浸礼会和非国教（noncomformist）的赞美诗，一唱就是几个小时。随着时间的过去，哼唱的节奏越来越慢（你会觉得一句话怎么都唱不完，更别说唱完整首赞美诗），某个人——想要祷告的那个人——会开始在缓慢节奏的间隙给人们提示歌词。突然，你会听到，这种传统的宗教音乐和语言——主导文化的一部分——在节奏层面被彻底颠覆了。这种另类的节奏、这种被保存在宗教音乐形式内部的另类语言是从哪里来的？这种来自内部的颠覆何以可能？奴隶们运用他们发展出来的一整套技能，能够很好地顺应社会——他们符合要求，讲述特定语言，敬奉神明，哼唱赞歌，学习圣经等等——但是，他们采用这些形式的方法使他们能够达成一些事情，取得一些进展，并维护和持续保持这些进步。尽管这些形式有着明显的意义，但它们是充满矛盾的。这种技能是很久之前习得的，即使奴隶制已经消失了很长时间，这种文化技能还是得以存活。它在牙买加的某个时期变得十分关键，接下来我想简要地描述一下那段时期，当时，与它相关的宗教和音乐要素在牙买加政治中发挥了至关重要的作用。

在牙买加独立（1962年）之后的那段时期，我们不再能接受把来自其他文化的残余当作自己的音乐。各个民族都需要属于自己的音乐及音乐形式，所以一个来自黎巴嫩裔中产阶级家庭、受训于美国的牙买加人类学家就给了我们一个这样的音乐。1980年至1989年担任国家总理的爱德华·西加（Edward Seaga）认为这种音乐必须真正属于牙买加，并摆脱已经被同化的许多音乐形式，他提议一种叫"斯卡"（ska）的音乐。与所有文化形式一样，斯卡音乐相较于同时期的合法音乐显得充满矛盾，它是北美蓝调音乐和第三世界原真性的奇怪混合体。它的确保留并凸显了许多非洲节奏，不仅缓慢而且故意显得迟钝，以便于这种重复、简单、充满节奏的基调能够被寻找民族文化认同的本国民族再次听到。它在形式上将自己表现为一种黑人音乐。同时，它以最先进的商业广告技术的方式给本国民众留下深刻的印象，教人们学习斯卡音乐的唱片以及可以随着斯卡音乐起舞的舞蹈俱乐部等也随即出现。斯卡音乐不仅开始风靡全国，而且常常在政治层面被用来组织特定群体，成了与牙买加民族主义早期阶段相联系的音乐形式。

要理解斯卡音乐的挪用问题，必须将其置于更宏观的斗争领域中。正如所有此类的民族主义运动，牙买加民族主义运动的主要方面之一就是力图构建新主体性：牙买加身份认同。它长期作为英帝国的一部分，突然成为一个独立的国家，这其中必须得有某些方式，让人们成为牙买加人，感到自己是牙买加人。实际上，牙买加社会的统一是建立在肤色区分的复杂系统之上的。我的祖母肯定是在奴隶制时期学到了什么技能，能够识别至少八种不同的肤色。当民族主义的牙买加首次举办选美大赛的时候，它只有为不同肤色的群体设置一系列不同的选美比赛，才能应对这种肤色谱系的现实差异。你可以是桃花心木小姐，或者高槿木小姐，或者松木小姐，等等。① 而这些差异又交织着其他方面：阶级与教育的差异。这些提供了我的母亲和祖母在人生关键问题——比如，亲属关系问题——上所依据的分类系统。这是一个一旦被展开，列维-斯特劳斯便立即会明白的图式。如果你的肤色接近高槿木，但受过良好教育，你的婚姻大事可以通过某种特定的方式进行，某种方式的联姻是被允许的，其他方式则不然。身份于是成为差异、对抗的斗争舞台，事关国家的实际主人。那种统一性必须被创造，被构建。它并不是真正存在于社会中，

---

① 此句中是以植物木材的颜色指示人的肤色。——译者注

实际上它由于各种差异——肤色、种族、阶级、政治、地理及宗教差异——而四分五裂。你必须在这种局面中建构起统一主体的可能性，这么做可以使用的其中一种语言就是音乐。斯卡音乐被认为是可以吸引所有人的音乐，所有人都可以加入它，因为它超越差异，肯定了人们的民族统一性。每个人都可以随着斯卡乐起舞以庆祝他们的独立。

然而，正如有些人想通过结合宗教与音乐形式构建新的统一性，还有些人则想要重新构建差异。他们想要在牙买加统一体的内部表明，跟其他人相比，有些人是更正宗的牙买加人，这些差异部分上也是通过音乐与宗教被表达或构建出来。在我小的时候，拉斯特法里派是一个很小的宗教派别，跟马库斯·加维（Marcus Garvey）的泛非运动（Pan-African movement）有联系，因而跟非洲相连。它代表的是被各种社会权力不断压迫的一小部分民众，但他们显然懂得以我之前描述的技能进行协商。他们需要一种语言告诉他们自己的身份，可他们只有一本书：《圣经》。因此，他们迫使那本书讲述他们需要听到的话。他们从迫害黑人的角度完全颠倒地重读《圣经》，他们将出埃及记重新解读为黑人走出奴隶制。他们说，跟那时一样，他们还在巴比伦；他们期待着许诺、释放和自由的新阶段。于是，就像黑人根据自己的处境改编基督教的语言一样，他们改编了《圣经》的语言，并开始将其进行接合。与拉斯特法里派形式的内部复杂性相比，它成为讲述牙买加身份的替代性语言这一事实或许更加举足轻重。它以某种方式使非洲的联系公开而又鲜活，其他许多关于独立问题的意识形态和文化都没能做到这一点。它之所以有能力建构新的主体性，是因为它在社会的宗教领域中运作，而在那个社会中，宗教绝对是核心的意义载体。

生活在牙买加社会不可能不见到宗教语言与思想的踪迹，因为那是奴隶被允许踏足的为数不多的空间之一。如果你考察牙买加的文化，会发现到处都铭刻了宗教的痕迹。它存在于每种政治与文化立场中，你不可能在不涉及宗教语言的情况下进行文化接合。距离我住处很近的地方，有一个只在夜间运作的教堂。它基本上是为家庭仆人、底层阶级黑人而开，他们被锁在黑色与棕色皮肤中产阶级家庭的厨房里，直到晚饭后才能出来，那时通常已经很晚了。在被允许返回金斯敦贫民区的家里后，那些人会中途顺便去一下教堂，通过歌声表达自己备受压迫和筋疲力尽。这种声音跟我之前讲过的那个教堂的声音非常不同，但是这种形式支撑那些妇女每天从一个世界走入另一个世界去工作。如果没有某种慰藉的话，她们是不可能做到的。这是被压迫者的鸦片，但也是她们存活的方式，纯粹生存的阶段。在这一阶段，没有新的身份认同得以建构，也没有产生反抗。后来，这一群体——以及她们的日常活动——变得十分重要，只不过是当在牙买加以那种方式工作的妇女数量更少也更有组织的时候。在这一阶段，宗教让她们安于自己的境况，但也使她们挺过了某种生活。

这是不是意味着我们称颂宗教的作用呢？我们不仅要看到

它给予人们正面的支点，也要认识到它在生活中的负面作用。在很大程度上，正是因为宗教的原因，牙买加仍然是反共产主义社会。那些宗教形式让人们打开大门，以新的语言讲述自己，可那些形式也有局限，会关上一些门，其中就存在把上帝与资本主义跟共产主义对立起来的可能。即使你再感到备受压迫，也比不上那些生活在共产主义魔鬼统治下并试图逃脱的人们所受到的压迫。也就是说，在宗教的这种象征意义中，你也可以产生对"他者"的仇恨。因此，在牙买加，宗教是一种在不同层面以不同方式发挥作用的意识形式：它帮助人们生存；有助于他们构建虚假的统一性观念；也使他们把自身和自身的虚假再现区分开来。它渗入社会，也设定了自身的限制。这也是拉斯特法里教派所发挥的功能之一，那些不能在宗教信仰上成为拉斯特法里教徒的人们成为了"文化拉斯特"。他们想用这些之前从未在文化上公开表明的东西来确定牙买加身份的内核：与非洲、奴隶、特伦奇镇、场院相联系。他们说："那就是真正的牙买加。"

牙买加政治必须从那种生产人民概念的文化定义、帮助构建人民身份的角度进行理解。虽然政治不得不在民众的场域上运作，人民与民众概念本身是通过话语、集体实践和文化形式构建的。并没有"总在某处存在着"的牙买加人民，而是可以有许多种人民，他们由许多不同的方式被构建。1970年代初，在迈克尔·曼利（Michael Manley）和爱德华·西加之间至关紧要的选举中，西加的政党受到了下层阶级的大力支持，在城镇中，这种支持在很大程度上是通过紧密联系某些音乐和宗教派系的形式。五旬节派和其他原教旨主义浸礼会黑人教派与教会总是强力支持那一特定政党。毫无疑问，曼利当时能够获得政治权力的主要原因之一是拉斯特法里教派成员"给了他权杖"。曼利突然就跟拉斯特法里教派走在了一起，尽管他的母亲是英国人，父亲的皮肤接近高槿木色，是一位阶层很高、有修养的棕色牙买加人。与已经发生的事实相比，这种接合是如何发生的似乎不那么重要。曼利是否在某种意义上是拉斯特法里派成员也不重要，重要的是这个接合的时刻，它发生在一种关于国家的特定文化定义——以及在那种意义上成为牙买加人意味着什么——和一种特定的政治立场之间。它认识到可以有一种政治通过那种方式构建牙买加身份。也就是说，在牙买加政治中，政客们经常被迫遵循关于牙买加身份是什么和应该是什么的文化定义。政治被赋予了非常特殊的——几乎是内在的——文化与宗教意义。

这是一个地方的拉斯特法里教派。但是，当然了，许多涉及这些形式的人们根本不在牙买加；他们在其他一些地方：伦敦、伯明翰、布拉德福德等等。他们是几乎不会讲当地土语的年轻人。毕竟，他们是第二或第三代西印度群岛人。他们遭受着异化问题的困扰，作为一个群体，他们看到了移民为其开创的可能性，却发现自己被当作二等公民对待。他们还被黑人尤其是黑人青年中逐渐上升的失业率所困扰。当然，他们属于工人阶级中潜在的非技术或半技术劳动者的部分，黑人移民在整个社会中承担着最卑微与非技术类的工作。和在美国一样，英国的有些职业，不论是清洁工、售票员或者餐饮服务员，都被打上了明显的族裔或种族印记。这就是那时越来越多的黑人青年所面临的处境：依据种族被嵌入劳动过程。

虽然他们的阶级立场至关重要，但是，他们是通过种族的范畴与结构意识到自己被作为对象的剥削系统的复杂性。也正是从那里，他们开始意识到自己的立场，并开始为之进行斗争。他们的身份认同遭遇威胁，或者可能根本没有身份，或者他们的身份在社会教育和文化制度中被否定，这些制度似乎想要这些在英国出生的黑人成为他们的父辈所被迫成为的样子：隐形、不在场，为此他们困惑不堪。当我初次来英国的时候，我们被要求做的就是不要出现，不要"总能被看到"而麻烦任何人，过着被我叫作"蕾丝窗帘综合症"的生活，我们待在室内，拉开窗帘，"就在那里"看着英格兰。1950年代的时候，去趟酒吧就像涉足未知领域。你不懂那里的语言或习俗；你不知道会不会有人把你扔出来；你知道没人会跟你交谈。第一代移民是生活在异国的领土上，可是，第三代移民除此之外已无处可去；他们只能从这片异国领土上的经历中去认识自己的位置。不过，实际上他们对自己有了另一种理解，自己作为他者的理解，认识到自己和拉斯特法里教派所产生的文化形式之间密切的关联。他们使用的语言主要是雷鬼乐，它是其宗教形式与观念的音乐载体。

实际上，如今英国的年轻黑人在经济和政治上的境况比最初移民的父母一辈更加艰难。但是，他们至少在一个方面是进步的：他们认识到自己在世界上的位置；他们为自己的位置而骄傲；他们有了抵抗的能力；在被主导文化欺凌的时候，他们心知肚明；而且他们开始懂得如何阻止其恶化。不过，最重要的是，他们认识到自己的真正身份其实另有其人，他们不再对自己隐身。其中一个表现就是，他们比自己的父母更多地讲土语。牙买加土语在第四代英格兰移民中已经深入人心，这只有因为音乐和音乐商店才能成为可能。这又会引向另外一些问题，即，开一家黑人唱片店的困难以及黑人文化的商业剥削。但不管怎样，正是从这种黑人文化的剥削中，从家乡的音乐生意中，从某种政治上并不纯粹的源头中，产生了属于这些新世界年轻人的黑人主体身份认同的可能性；他们不再跟旧世界中产生的身份有现实的连接，而是要创建新的身份认同。他们将语言从指向金斯敦场院转变为指向汉兹沃思与布里克斯顿。他们运用一种从某种压迫形式中产生并抵抗这种形式的语言，为其赋予某种含义，并开始接合另一种形式。如果没有音乐与宗教，这一点是不可能实现的。他们的音乐和宗教不能保证他们的成功；他们也说不准自己会不会胜利，或者什么时候以及怎么样获胜。他们的语言和这种语言为他们建构的身份采用了宗教的形式，这一事实给他们设定了局限。然而，如果没有这种形式，就没有今天的黑人政治运动。这些局限是位于宗教文化形式中心的某种本质的非理性的产物吗？不是。然而，你又能让那些黑人孩子们有什么样其他的文化实践呢？其实他们也对以下这一点深感不满，即，他们的身份与政治的定义被建立在与警察的关系之上，这种定义将他们建构为要么被殴打，要么进行反击的罪犯形象。

你不得不承认宗教形式的非理性特征，但是，你也必须得认识到，包括宗教在内的所有文化形式都有自身不同的逻辑。想想下面的例子：1970年代末的时候，我在牙买加，那时，关于埃塞俄比亚（拉斯特法里教派遥望的土地）和海尔·塞拉西（Haile Selassie）政权的真相正在被揭露。我们很多人觉得，揭露他作为皇帝（1930—1974）统治下的埃塞俄比亚的真实历史与条件以及他的最终死亡似乎会削弱拉斯特法里教信徒的许多核心信条（包括作为第一位黑人国王的塞拉西是上帝或"耶和华"的化身），还有可能标志着这一信仰的结束。毕竟，它确实让这种高度非理性文化的缺陷公然暴露。我对着一位非常年老、尊贵、虔诚的拉斯特法里教徒发出质疑：看起来，埃塞俄比亚不是黑人们的美妙国度，它其实一片混乱，而且，海尔·塞拉西似乎也不像人们期望上帝所做的那样把国家治理的那么好。此外，我拿出了理性主义的杀手锏：他都死了，怎么会是上帝呢？拉斯特法里教徒十分简单而文雅地回答说："什么时候你能从大众传媒那里听到关于上帝之子的真话？"我必须得承认，这可不是能挂在英国广播公司播音员嘴边或者报纸头条的话。在他的话语逻辑中，媒体当然不能构成塞拉西死亡的证据。但是，也不需要计较他的死亡，就好比有些人实际去过埃塞俄比亚而且不喜欢那个地方，可这样的事实并不重要。埃塞俄比亚是存在于头脑中，或者确切地说，存在于语言中的一个地方。他们需要这个地方，是因为那不是他们此时所在的地方。那是个自由的地方，因为他们此时所在的地方充满压迫。他们了解埃塞俄比亚是因为他们了解巴比伦。

人们必须有一种语言，能够用来讲述自己的处境以及其他可能拥有的未来。这些未来或许并不真实；如果你试着直接将其具体化，就会发现什么也不存在。然而，真正存在的是成为另一种自己的可能性，或者拥有迥异于现状的另一种社会空间。正如我之前所讲，拉斯特法里教派文化形式中没有任何东西能保证黑人运动的成功，但它在目前阶段是必要条件。在这种必要条件下，黑人政治、黑人替代性方案、黑人斗争以及黑人抵抗正在发展，并将会继续发展。

在这一讲中，我试图说明，至少举例解释了，虽然新兴文化形式自身不作保证，但是它们包含了现实的可能性。而且，尽管它们不应该被视为是自足的，也不是位于深刻渗入并组织社会形态的那些矛盾的结构性作用之外，但它们不能被还原为这些。它们进步或非进步的内容不能单单从文化层面来读取。我已经讨论了残余文化不断被挪用、征用以及再造的方式。有时候，人们挪用的方式使它们看起来似乎不具有斗争、抵抗、协商、甚至是存活的潜质，但是不管怎样，它们为那些可以从中有所发现的人们提供了一种语言，有了这种语言，人们才有了替代性主体的可能性。不过，这种挪用总是局限与片面的；毕竟，我们不能全都成为拉斯特法里教派成员，而当代黑人斗争政治也不可能完全是关于拉斯特法里教派的。最后，考虑到新兴和残余这两种文化形式，我已经力图指出，我们把抵抗理解为一种过程。我们不应该只在涉及街垒的时候才保留阶级斗争的观念，而是需要将抵抗视为作用于文化场域并开创文化可能性的持续性实践。这或许不是最光彩夺目的政治工作，却是需要我们去做的事情。人们能够为自己建构主体可能性与新政治主体性所需的条件并不是既定于占支配地位的系统中，它们是在产生它们的接合实践中被赢取的。

参考文献

Abrams, Mark, and Richard Rose. 1960. *Must Labour Lose?* Harmondsworth: Penguin.

Althusser, Louis. 1970. *For Marx*. Translated by Ben Brewster. New York: Random House.

Althusser, Louis. 1971a. "Freud and Lacan." In Althusser 1971c, 189–219.

Althusser, Louis. 1971b. "Ideology and Ideological State Apparatuses (Notes towards an Investigation)." In Althusser 1971c, 127–186.

Althusser, Louis. 1971c. *Lenin and Philosophy and Other Essays*. Translated by Ben Brewster. New York: Monthly Review.

Althusser, Louis, and Etienne Balibar. 1970. *Reading Capital*. Translated by Ben Brewster. London: New Left.

Arnold, Matthew. (1869) 2014. *Culture and Anarchy: An Essay in Political and Social Criticism*. Originally published London: Smith, Elder, and Co. Accessed as etext September 17, 2014. http://www.gutenberg.org/cache/epub/4212/pg4212/html.

Bell, Daniel. 1960. *The End of Ideology: On the Exhaustion of Political Ideas in the Fifties*. Glencoe, IL: Free Press.

Benjamin, Walter. 1970. "The Author as Producer." New Left Review 62: 83–96.

Blackstone, William. 1776. *Commentaries on the Laws of England*. London: His Majesty's Law Printers.

Coleridge, Samuel Taylor. 1817. *A Lay Sermon Addressed to the Higher and Middle Classes, on the Existing Distresses and Discontents*. London: Gale and Fenner. Accessed March 3, 2016. https://archive.org/details/blessedareyethat00cole.

Crosland, Anthony. 1956. *The Future of Socialism*. London: J. Cape.

Durkheim, Émile. 1947. *The Elementary Forms of the Religious Life: A Study in Religious Sociology*. Glencoe, IL: Free Press.

Durkheim, Émile. 1951. *Suicide: A Study in Sociology*. New York: Free Press.

Durkheim, Émile. 1982. *The Rules of Sociological Method and Selected Texts on Sociology and Its Method*. Edited by Steven Lukes, translated by W. D. Halls. New York: Free Press.

Durkheim, Émile, and Marcel Mauss. 1963. *Primitive Classification*. Translated by Rodney Needman. Chicago: University of Chicago Press.

Eliot, George. 1859. *Adam Bed*e. Edinburgh: William Blackwood and Sons.

Eliot, George. 1860. *The Mill on the Floss*. Edinburgh: William Blackwood and Sons.

Eliot, T. S. 1949. *Notes toward the Definition of Culture*. New York: Thomas Sterns. Freud, Sigmund. 1938. *The Basic Writings of Sigmund Freud*. New York: Modern Library.

Goldmann, Lucien. *The* Hidden God: A Study of Tragic Vision in the Pensées of *Pascal and the Tragedies of Racine*. London: Routledge and Kegan Paul.

Gramsci, Antonio. 1959. *Modern Prince and Other Writings*. New York: International.

Gramsci, Antonio. 1971. *Selections from the Prison Notebooks*. Translated by Quin-tin Hoare and Geoffrey Nowell Smith. New York: International.

Hall, Stuart, and Tony Jefferson, eds. 1976. *Resistance through Rituals: Youth Sub-cultures in Post-War Britain*. London: Hutchinson.

Hirst, Paul. 1979. *On Law and Ideology*. London: MacMillan.

Hoggart, Richard. 1951. *Auden: An Introductory Essay*. London: Chatto and Windus.

Hoggart, Richard. 1957. *The Uses of Literacy: Aspects of Working-Class Life with Special References to Publications and Entertainments*. London: Chatto and Windus.

James, Henry. 1881. *The Portrait of a Lady*. London: Macmillan.

James, Henry. 1903. *The Ambassadors*. London: Methuen.

Joyce, James. (1934) 1990. *Ulysses*. New York: Random House.

Lacan, Jacques. 1977. *Ecrits: A Selection*. Translated by Alan Sheridan. London: Routledge.

Laclau, Ernesto. 1977. *Politics and Ideology in Marxist Theory*. London: New Left.

Leavis, Queenie Dorothy. 1932. *Fiction and the Reading Public*. London: Chatto and Windus.

Lévi-Strauss, Claude. 1955. "The Structural Study of Myth." Journal of American Folklore 68 (270): 428–444.

Lévi-Strauss, Claude. 1969a. *Mythologiques*, vol. 1: *The Raw and the Cooked*. Translated by John Weightman and Doreen Weightman. New York: Harper and Row.

Lévi-Strauss, Claude. 1969b. *Totemism*. Translated by Rodney Needham. Harmondsworth: Penguin.

Lévi-Strauss, Claude. 1972. *Structural Anthropology*. Translated by C. Jacobson and B. G. Schoepf. London: Penguin.

Lévi-Strauss, Claude. 1974. *Mythologiques*, vol. 2: From Honey to Ashes. Translated by John Weightman and Doreen Weightman. New York: Harper and Row.

Lévi-Strauss, Claude. 1978. *Mythologiques*, vol. 3: *The Origin of Table Manners*. Translated by John Weightman and Doreen Weightman. New York: Harper and Row.

Lévi-Strauss, Claude. 1981. Mythologiques, vol. 4: *The Naked Man*. Translated by John Weightman and Doreen Weightman.

New York: Harper and Row.

Lévi-Strauss, Claude. 2004. "The Story of Asdiwal." In *The Structural Study of Myth and Totemism*. Edited by Edmund Leach, translated by Nicholas Mann, 1–48. New York: Routledge.

Marx, Karl. 1961. *The Economic and Philosophic Manuscripts of 1844*. Moscow: Foreign Languages.

Marx, Karl. 1963. *Early Writings*. Translated by Tom B. Bottomore. London: C. A. Watts.

Marx, Karl. 1970. *A Contribution to the Critique of Political Economy*. Translated by Maurice Dobb. London: Lawrence and Wishart.

Marx, Karl. 1973. *Grundrisse: Foundations of the Critique of Political Economy* (Rough Dra). Translated by Martin Nicolaus. London: Penguin.

Marx, Karl. 1977. *Capital: A Critique of Political Economy*, vol. 1. Translated by B. Fowkes. New York: Vintage.

Marx, Karl. 1978a. *Capital: A Critique of Political Economy*, vol. 2. Translated by David Fernbach. London: Penguin.

Marx, Karl. 1978b. *The Eighteenth Brumaire of Louis Bonaparte*. In *The Marx-Engels Reader*, 2nd ed. Edited by Robert C. Tucker. London: W. W. Norton.

Marx, Karl, and Friedrich Engels. 1934. *Karl Marx and Friedrich*

Engels: Correspondence, 1846–1895: A Selection with Commentary and Notes. London: M. Lawrence.

Marx, Karl, and Friedrich Engels. 1964. *The Communist Manifesto*. New York: Simon and Schuster.

Marx, Karl, and Friedrich Engels. 1970. *The German Ideology*. Translated by C. J. Arthur. London: Lawrence and Wishart.

Parsons, Talcott. 1967. *The Structure of Social Action*. New York: Free Press. Poulantzas, Nicos. 1973. *Political Power and Social Classes*. Translated byT. O'Hagan. London: New Left.

Ricoeur, Paul. 1968. "Structure, Word, Event." *Philosophy Today* 12: 114–129.

Shils, Edward A. 1961. "Centre and Periphery." In *The Logic of Personal Knowledge: Essays Presented to Michael Polanyi on His Seventieth Birthday*, 117–130. London: Routledge and Kegan Paul.

Thompson, Edward P. 1961. "The Long Revolution Parts I and II." *New Left Review*. Part I, no. 9: 24–33; Part II, no. 10: 34–39.

Thompson, Edward P. 1963. *The Making of the English Working Class*. New York:Random House.

Thompson, Edward P. 1967. "Time, Work-Discipline, and Industrial Capitalism." *Past and Present* 38: 56–97.

Thompson, Edward P. 1974. "Patrician Society, Plebeian Culture." *Journal of Social History* 7: 382–405.

Thompson, E. P. 1975. *Whigs and Hunters:The Origin of the Black Act*. New York: Pantheon.

Thompson, Edward P. 1978. *The Poverty of Theory and Other Essays*. London: Monthly Review Press.

Volosinov, V. N. 1973. *Marxism and the Philosophy of Language*. Translated by L. Matejka and I. R. Tutunik. New York: Seminar.

Williams, Raymond. 1958. *Culture and Society: 1780–1950*. London: Chatto and Windus.

Williams, Raymond. 1961. *The Long Revolution*. London: Chatto and Windus.

Williams, Raymond. 1971. "Literature and Sociology: In Memory of Lucien Gold-mann." *New Left Review* 67: 3–18.

Williams, Raymond. 1973a. "Base and Superstructure in Marxist Cultural Theory." *New Left Review* 82: 3–16.

Williams, Raymond. 1973b. *The Country and the City*. New York: Oxford University Press.

Williams, Raymond. 1977. *Marxism and Literature*. Oxford: Oxford University Press.

Williams, Raymond. 1979. *Politics and Letters: Interviews with New Left Review*. London: New Left Books.

图书在版编目（CIP）数据

文化研究1983：一部理论史 ／（英）斯图亚特·霍尔著；周敏，程孟利译． — 北京：商务印书馆，2021（2022.8重印）
（文化研究丛书）
ISBN 978-7-100-19919-3

Ⅰ.①文… Ⅱ.①斯… ②周… ③程… Ⅲ.①文化研究－英国－文集 Ⅳ.①G156.1-53

中国版本图书馆CIP数据核字（2021）第082064号

权利保留，侵权必究。

文化研究1983：一部理论史

〔英〕斯图亚特·霍尔 著
周敏 程孟利 译

商 务 印 书 馆 出 版
（北京王府井大街36号 邮政编码 100710）
商 务 印 书 馆 发 行
三河市尚艺印装有限公司印刷
ISBN 978-7-100-19919-3

| 2021年9月第1版 | 开本 889×1194 1/32 |
| 2022年8月第2次印刷 | 印张 9 1/4 |

定价：88.00元